MECKLENBURG
Kulinarische Streifzüge

Gertje Sckopp-Witte
Karin Iden

MECKLENBURG

Kulinarische Streifzüge

Geschichten über Land und Leute
sowie 77 Rezepte,
exklusiv fotografiert
von
Hans Joachim Döbbelin

SIGLOCH
EDITION

DÄNEMARK
Møn
Lange-
land
Ærø
Falster
Lolland
OSTSEE
Fehmarnbelt
Altenkirchen
Vitte
Hiddensee
Fischfang
Jasmund
Rügen
Bergen
Fehmarn
Prerow
Zingst
Zingst
Darß
Ahrenshoop
Kubitzer
Bodden
Fischland
Saaler Bodden
Barth
Samtens
Putbus
Garz
Oldenburg
Saal
Velgast
Stralsund
Fischfang
Graal-Müritz
Ribnitz-
Damgarten
Richtenberg
Reinberg
Holsteinische
Schweiz
Kühlungs-
born
Warne-
münde
Franzburg
Mecklenburger
Bucht
Heiligen-
damm
Marlow
Grimmen
Greifswald
Neustadt
Kohl-
gemüse
Sanitz
Bad Sülze
Schleswig-
Holstein
Rerik
Kröpelin
Bad
Doberan
ROSTOCK
Tribsees
Lübecker
Bucht
Fischfang
Poel
Obst
Recknitz
Neubukow
Tessin
Trebel
-Vorpommern
Klützer
Winkel
Boltenhagen
Kirchdorf
Klütz
Warnow
Gnoien
Loitz
Dassow
Wismar
Kohlgemüse
Schwaan
Peene
Laage
Gützkow
LÜBECK
Trave
Grevesmühlen
Neukloster
Demmin
Lüders-
dorf
Schönberg
Bützow
Obst
Mecklenburgische Schweiz
Kummerower
See
Tollense
Bobitz
Güstrow
Rehna
Warin
Tarnow
Teterow
Carlow
Bad Kleinen
Mecklenburg-
Elbe-Lübeck-Kanal
Brüel
Malchin
Altentreptow
Ratzeburg
Gadebusch
Schweriner
See
Sternberg
Malchiner
See
Stavenhagen
Mecklenburgische
Seenplatte
Schaal-
see
Lützow
Krakow
am See
Pflaumen
SCHWERIN
Goldberg
Lehsten
Neubrandenburg
Zarrentin
Crivitz
Obst
Wittenburg
Alt Schwerin
Waren
Tollense-
see
Spargel
Penzlin
Malchow
Müritz
Waldpilze
Burg
Stargard
Lauen-
burg
Hagenow
Fischfang
Boizenburg
Vellahn
Parchim
Lübz
Plau
Plauer
See
Kohlgemüse
Neustadt-
Glewe
Röbel
Neustrelitz
Sude
Sand-
dorn
Rechlin
Feldberg
Lübtheen
Ludwigslust
Ruhner Berge
178m
Lüneburg
Neuhaus
(Elbe)
Spargel
Grabow
Wesenberg
Mirow
Elbe
Prignitz
Dömitz
Pritzwalk
Dosse
Havel
Niedersachsen
Dannenberg
Rhin
Jeetzel
Wittenberge
Uelzen
Aland
Ruppiner
Schweiz
Brandenburg
Salzwedel
Havel
Elbe-Seitenkanal
Oranienburg
Altmark
Elbe
Stendal
Rathenow
Sachsen-Anhalt
Havelland
WOLFSBURG
© Studio für Landkartentechnik, Hamburg
Brandenburg
POTSDAM

Königstuhl
Saßnitz
Sellin
Baabe
Göhren
Fischfang
Peenemünde
Lubmin
Zinnowitz
Oderbucht
Wolgast
Usedom
Peene
Bansin
Heringsdorf
Ahlbeck
Lassan
Usedom
Świnoujście
(Swinemünde)
Anklam
Oderhaff
Ueckermünder Heide
Altwarp
Spantekow
Ducherow
Ueckermünde
Friedland
Torgelow
Jatznick
Strasburg
Helpter Berge
179 m
Pasewalk
Uecker
Woldegk
Löcknitz
Prenzlau
Oder
Uckermark
POLEN
Kanal
Eberswalde-
Finow
Oderbruch
BERLIN
30 km

INHALT

Zur Abbildung auf Seite 2:
Mehr als achthundert Seen und die hunderte Kilometer lange Ostseeküste machen Wasser zum prägenden Element Mecklenburgs.

Oben:
Wie aus einer versunkenen Zeit: reetgedeckte Bauernhäuser, davor freilaufendes Federvieh auf dem Fischland am Saaler Bodden, im nordöstlichen Winkel Mecklenburgs.

Liebe Leserin, lieber Leser!

„Watt de Buer nich kennt, dat itt hei nich", sagt man in Mecklenburg. Und das bedeutet, allem Fremden ist man hier nicht besonders aufgeschlossen. Dies gilt vor allem für die vielen Gaumengenüsse – die müssen heimisch sein.

Mecklenburg ist ein weites Agrarland, hier hat man immer zu leben gewußt, auch in Zeiten der persönlichen Bedrängnis. Was an persönlicher Freiheit fehlte, glichen Essen und Trinken wieder aus. So ist es auch nicht verwunderlich, daß auf die Frage nach dem Befinden in Mecklenburg die Antwort kommen kann: „Äten un Drinken smeckt, ümmer meud un hungrig." (Essen und Trinken schmeckt, immer müde und hungrig). Das ist vermutlich ein Relikt aus der Zeit der bäuerlichen Leibeigenschaft, die hier länger als in anderen Regionen bestehen blieb. Der bäuerliche Alltag war hart. Um bei Kräften zu bleiben, mußten kalorien- und fettreiche Speisen auf den Tisch. Die kann man auch heute noch verzehren. Ein eiskalter Mecklenburger Korn hilft verdauen.

Gertje Sckopp-Witte
Karin Iden

Der Reichtum besteht aus Einfachheit

Auf den Treppenstufen vorm Haus sitzt Tante Leni in ihrer bunten Kittelschürze. Zwischen den Knien die Emailleschüssel mit Gemüse. In den rissigen Händen das Küchenmesser, es gleitet routiniert an den Möhren entlang, die hier „Wöddeln" heißen. Oder auf Hochdeutsch Wurzeln. Die dicken Enden schneidet sie ab und wirft sie zwischen die Hühner, die vor ihr auf dem sandigen Gartenweg scharren. Jedesmal flattert das Federvieh gackernd auf, um sich dann begierig und zänkisch auf die Brocken zu stürzen. Dazwischen läuft kläffend Moni, der Hund, der aber von den Hühnern nicht ernstgenommen wird. Tante Leni will heute „Arwten un Wöddeln" kochen, die frisch im Gemüsegarten geernteten Erbsen darf ich auspahlen.
Mit einem leichten Druck auf die vordere Rundung platzt die Schote auf und macht dabei ein Geräusch, als schnalzte einer mit den Lippen. Wie Perlen liegen die zarten Erbsen aufgereiht in ihrer grünen, im Sonnenlicht durchscheinenden Schale. Ihr Geschmack, so sonnenwarm und frisch, ist unvergleichlich süß und saftig – und erbsig eben, wie sollte ich sonst dazu sagen! Das mußt du schon selber schmecken, um es zu wissen – am besten noch als Kind. Und die süße Kost schmeckt dann, später am Mittagstisch, in einer sämigen hellen Sauce, „gestowt" heißt das hier in Mecklenburg. Dazu gibt es mehlige „Tüfften" oder „Tüffken" (Kartoffeln) mit geschmolzener brauner Butter. Braucht der Mensch mehr? Daß auch noch ein gebratenes Kotelett auf dem Teller liegt, ist der reine Luxus. Kindheitserinnerungen. Sommer in Reppenhagen. Die Wege lehmig, knietief bei Regen, und bei Sonne mit hartgebrannten Fahrspuren der Ackerwagen. Lerchen in der Luft und der Duft der Gräser. Im Hohlweg vom Bahnhof her heizt die sengende Sonne ein. Kühl liegt sich's im hohen Gras unterm Apfelbaum im Garten. Erinnerungen aus einer versunkenen Zeit. Einer Zeit, die schwer war und von Entbehrungen geprägt. Doch ich denke, es ist nicht die schiere Nostalgie, daß diese Zeit so unendlich viel reicher erscheint, in der Rückschau.
Der Reichtum bestand aus Einfachheit, die heute mancherorts abhanden gekommen scheint. Und doch, sie ist immer noch da – besonders in Mecklenburg.

*„Ich bün tofreden, seggt Johannes, un angelt in drei Dag enen Plötz."
So heißt es in Mecklenburg. Und Zufriedenheit strahlt dieser alte Mann aus, wenn sich auch im Lauf der Zeit viel verändert hat.*

War dat letzt ut de Kann drinken will, denn' föllt de Deckel up de Snut. (Lüüd's Snack)

Ein Leben in Unfreiheit führt für den, der keine großen Lösungen anstrebt, keine Tunnels gräbt oder Ballons näht, zu kleinen Fluchten ins Private. Das hat in Mecklenburg eine lange Tradition. Zur Zeit der Leibeigenschaft war es das Landstück am Haus, das bebaut wurde für den Eigenbedarf, in das der Mensch seine Liebe und Hoffnung steckte. Und so war es auch in den Jahren des „real existierenden Sozialismus". Wer es einrichten konnte, zog sich zurück auf seine „Datscha", das Wochenendgrundstück. Unendlich viele dieser kleinen Häuschen mit etwas Land drum herum gibt es hier in Mecklenburg an den Seen. Dazu ein Bootsanleger für die abendliche Paddeltour oder den Besuch der Freunde jenseits des Wassers.
Im vertrauten Kreis der Familie und der Freunde bot sich hier Raum für Kreativität und selbstbestimmtes Handeln. Und sei es auch nur für Kleintierhaltung und Selbstversorgung. Hier erhielten sich ländliche und hauswirtschaftliche Techniken, die ansonsten durch maschinenbetriebene Großraumwirtschaft untergingen. Im Garten wachsen Erdbeeren, Stachel- und Johannisbeeren, Kirschen, Erbsen, Bohnen. Die Karnickelställe an der Wand beherbergen künftige Sonntagsbraten. Was nicht gleich verzehrt werden kann, wird eingekocht. Köstlich, selbstgekochte Marmelade zum Frühstück!
Oder Dickmilch zum Beispiel, die kam nicht aus dem Plastikbecher. Die machte Tante Leni ganz einfach selbst: Frische Milch vom Bauern wurde in einer flachen Schüssel oder schon gleich in Portionen auf Tellern ins Warme gestellt. Da Milchsäurebakterien einfach überall sind, hat sich am nächsten Tag die schönste Dickmilch entwickelt. Die fette Sahneschicht wurde dann abgeschöpft und als Sauerrahm verwahrt – für die Zubereitung von Soßen.
Eine beliebte Mecklenburger Spezialität ist der würzige Pimkäse. Dafür wird die Dickmilch in ein durchlässiges Leinentuch gegeben, das so aufgehängt wird, daß die Molke abtropfen kann. Der Quark bleibt übrig. Mit wenig Salz und etwas Kümmel vermischt wird die Käsemasse nun zu faustgroßen Käsekugeln geformt, die durch ein paar Tage Ruhe noch köstlich nachreifen. Doch auch für Mecklenburger Götterspeise ist Dickmilch eine unerläßliche Zutat. Das ist eine Mischung aus geriebenem

Schwarzbrot, Zimt, Zucker und Früchtekompott. Eine einfache und köstliche Kombination. Schon Theodor Fontane, der Dichter des „Stechlin“, wurde vom Fräulein von Rohr im Kloster Dobbertin mit Götterspeise und Tee bewirtet.

Freundschaft, Verse,
Götterspeise,
Thee und feine Fleischerwaare,
Alles in der alten Weise
Auch in diesem neuen Jahre;
Und das Glück von Dobbertin
Mög' ein Weilchen noch
verziehn.

Diesen Neujahrsgruß sandte Fontane dem Fräulein im Kloster Dobbertin am Dobbertiner See am 1. Januar 1866.

Im Laufe von zwanzig Jahren reiste Theodor Fontane immer wieder zur Sommerfrische an verschiedene Orte in Mecklenburg, denn hier fand er die Stille, die Abgeschiedenheit, die sein angespannter Geist brauchte. Und auch schon im Jahre 1794 sah der Theologe Gotthard Ludwig Theobul Kosegarten, der in Grevesmühlen geboren wurde, seine Heimat als einen Hort der Stille: „Der erste Vorzug unserer Heimat ist nach meinem Gefühl deren Abgeschiedenheit und Stille. Eben dies, was so manchen verwöhnten Gaumen ein Mangel und eine Beraubung dünken mag; eben dies, daß wir vom Geräusche

Was für die einen als rückständig gilt, ist für die anderen ein seltenes ländliches Idyll – Milchwirtschaft wie vor hundert Jahren.

der Welt getrennt, daß wir von den größten menschlichen Vergesellschaftungen durch Ströme und Gewässer abgesondert wurden, daß wir im stillsten Schoße der Natur uns selbst und unseren Pflichten und unserer Bestimmung ohne Zwang und Störung leben können, eben dies deucht mir einer der schätzbarsten Vorzüge und eine der dankenswertesten Annehmlichkeiten unserer Lage."

Wenn auch seitdem zweihundert Jahre ins Land gezogen sind, und selbst in Mecklenburg, von dem böse Zungen behaupten, hier geschehe alles hundert Jahre später als anderswo, umwälzende Dinge geschehen sind, verträumt liegt es immer noch da und abgeschieden und im Schoße der Natur ...

Auch waschechte Mecklenburger gibt es noch, trotz der Umsiedlungspolitik der vergangenen vierzig Jahre. Man muß sie nur zu finden wissen. Doch das ist leicht. Frage einen nach dem Weg, oder verwickle ihn in ein Gespräch über das Wetter. „Schürkoppt" er nur, also schüttelt er den Kopf, und geht stumm weiter, so ist er ein Beweis für die sprichwörtliche Sturheit der Mecklenburger. Doch in der Regel sind die Menschen hier freundlich und hilfsbereit. Ich vergesse nicht den Trabbifahrer, der mich eine ganze Stunde im Nebel bis zur Autobahn gelotst hat – und er mußte den Weg wieder zurück ...

Sobald der Meckelbörger also spricht, das ist genauso wie bei anderen Dialekten, wissen wir Bescheid. Aha, eine singende Satzmelodie, rollende Errs, auch in den Worten, die nicht mit r geschrieben werden. Er sagt zum Beispiel We-r-lt statt Welt oder E-r-nte statt Ente. Und jedes ei wird gesprochen, als schriebe man es hier mit a-i. Vielfach kommen, besonders bei älteren Leuten, plattdeutsche Einschübe ins Hochdeutsche.

Womit wir beim Plattdeutsch wären, das manche Sprachwissenschaftler für eine eigene Sprache und nicht für einen Dialekt halten. Wahrhaftig, selbst ein Hochdeutscher von der Waterkant kann da seine Schwierigkeiten mit dem Verstehen bekommen. Besonders das Meckelbörger Platt hat seine Eigentümlichkeiten.

Es ist, bedingt wohl durch die „Franzosentid", durchzogen von Ausdrücken, die ehemals französisch waren. Zwiebäcke heißen „Moschüken" (biscuit), „perdü"

Selbstversorgung wurde immer großgeschrieben. Ob zu Zeiten der bäuerlichen Leibeigenschaft oder in allerjüngster Vergangenheit. Der Garten am Haus oder das Wochenendgrundstück am See lieferten seit jeher Gemüse, Obst und Kleintiere für nahrhafte, bodenständige Gerichte.

„Plummen" und „Schwetschen", frisch vom Baum oder für den Winter getrocknet und im Gänsebraten versteckt – oder sanft gebettet zwischen Milch, Eiern und Brot im Auflauf – gehören zu den beliebtesten Zutaten der Mecklenburger Küche.

(perdu) sagt man, wenn man etwas verloren hat und es „pattu" (partout) nicht wiederfinden kann. „Dor kannst noch Maless (malaise) mit kriegen", heißt es, wenn etwas unangenehm werden könnte.

Viele plattdeutsche Redensarten hängen mit dem Essen zusammen, selbst wenn es um ganz andere Tatbestände geht: „Dat is dat Insolten nich wiert", heißt, daß eine Sache völlig wertlos ist. „Hei het bi mi noch'n Schinken in Solt", meint, mit dem muß ich noch abrechnen. Ist jemand sehr arm, sagt man, „de hett nich dat Solt to de Tüfften". Geht einer zu üppig mit seinen Geld um: „Doar ward Speck in Bodder bradt". „Plummen" (Pflaumen) und „Schwetschen" (Zwetschen) gehören unabdingbar zur mecklenburgischen Küche. So sind sie auch in aller Munde. Wer runzlig ist, sieht aus „As 'ne dröögte Plumm", und wer einem anderen eine „schwetscht", der hat ihn geohrfeigt.

Und weil hier ganz andere Vorstellungen von Portionsgrößen herrschten, ist es in Mecklenburg schwierig, eine Gans vernünftig aufzuteilen: „So'n Gaus is doch'n narrschen Vagel, för einen is't meist 'n bät'n väl – un för twei wedder lang nich naug" (So'ne Gans ist ein närrischer Vogel, für einen fast zu viel – und für zwei nicht genug).

Und da soll niemand denken, die Mecklenburger Gänse seien vielleicht besonders klein geraten, beileibe nicht! Doch so ganz ernst zu nehmen ist der Spruch über die Gans wohl nicht, es ist eher die mecklenburgische Art von Humor, die viel mit Über- und Untertreibungen arbeitet.

Früher wurde auch durchaus nicht täglich Fleisch gegessen. Die Grundnahrungsmittel, die der Bauer für sich und seine Mägde und Knechte brauchte, wurden auf dem Hof erzeugt. Hinzu kamen die Früchte des Hausgartens. Kartoffeln, Bohnen und Kohl nahmen einen viel höheren Stellenwert ein als heute. Besonders beliebt waren Erbsen. Dicke Erbsen zum Beispiel galten als Festgericht. Erbsen konnten sogar zum Brotersatz werden, oder es wurde Erbsenschrot mit in den Brotteig gemischt. Durch diesen Trick hielt sich das Brot länger frisch und man brauchte nicht jeden Tag zu backen.

In Mecklenburg mußte alles etwas deftiger sein. Knödel, die hier „Klüten" heißen, sind nicht

weich und zart, sondern fest und hart und aus Roggenmehl. Aß man Fleisch dazu, waren es Schinken, Speck und gekochtes Rind- oder Schweinefleisch. Das Charakteristische an der Küche Mecklenburgs sei nicht das Leckere und Zarte, sondern das Schwere und Massenhafte, so beschrieb es 1850 der Kulturhistoriker Ludwig Fromm.

Auch slawische Ausdrücke haben sich mit dem Mecklenburger Platt verbunden: „Tollatschen" zum Beispiel heißen in Brühe gekochte Klöße, die aus Mehl, Blut, Schmalz, Zucker, Rosinen und Gewürzen zubereitet werden. Nach dem Erkalten brät man sie in der Pfanne. Das Wort kommt vom slawischen „kolcz", was so viel heißt wie „runder Kuchen".

Auch „Pomuchel" ist so ein slawisches Wort, das im Plattdeutschen auch „Dösch" heißt, also Dorsch. „Döschköpp", das sind engstirnige, sture Menschen – „Pomuchelsköpp" ebenso. Fritz Reuter (1810 bis 1874), der mecklenburgische Dichter, der die plattdeutsche Sprache literaturfähig gemacht hat, hat in seinem Roman „Ut mine Stromtid" die Figur Pomuchelskopp in die niederdeutsche Literatur eingeführt, ebenso wie Onkel Bräsig. Reuter arbeitete in diesem Roman seine

Aus einem Schulaufsatz: Der Mecklenburger ißt im allgemeinen lieber ein bißchen besser und dafür dann ein wenig mehr.

Oben: Roggen liefert kräftiges Mehl für das Mecklenburger Sauerteigbrot.

Rechts: Die Flügel der Windmühle bei Stove stehen keinesfalls still. Im Innern ist ein Museum untergebracht, Besucher können beim Schaumahlen zusehen.

Zeit als „Strom“, als landwirtschaftlicher Lehrling, auf. Wer sich das Plattdeutsche zutraut, sollte sich unbedingt die Mühe des Lesens machen.

Reuters literarische Qualitäten wurden schon zu seinen Lebzeiten anerkannt. Theodor Fontane schrieb 1897 in einem Brief: „Am Mittwoch will ich nach ‚Nigen Bramborg‘ abdampfen, um Preußen zu vergessen, wozu Fritz Reuters Heimat – als eine Art Gegensatz – die beste Gelegenheit bietet. Ich stelle Rotspohn und Onkel Bräsig höher als all den Borussismus, die niederste Kulturform, die je war.“ Onkel Bräsig oder Entspekter Bräsig ist eine der Hauptfiguren Fritz Reuters, eine höchst liebenswerte volkstümliche Gestalt, die fast so etwas wie ein Mecklenburger Mythos geworden ist. Onkel Bräsig war ein Charakter, in dem sich die Mecklenburger selbst erkennen konnten, der aus ihrer eigenen Lebenswelt kam und mit dem sie sich bereitwillig identifizierten.

Doch zurück zu Fontanes Rotspohn. Eigentümlich dieser Ausdruck, woher mag er nur kommen? Nun, ganz einfach: Das Weintrinken kam in Mecklenburg im 18. Jahrhundert auf. Am allerliebsten trank man die roten Bordeauxweine. Und weil sie damals nur per Schiff die weite Reise antreten konnten, kamen die Weine in Fässern. Waren sie endlich am Ziel, mußten sie mindestens ein Vierteljahr lagern, bevor der Wein getrunken werden konnte.

Die Fässer waren es, die dem Wein in Mecklenburg den Namen gaben. „Spon“ nämlich ist das spanische Wort für Holzfaß. Und die Bordeauxfässer stammten aus den nahen Pyrenäen. Der Rotspohn also wurde nach angemessener Lagerzeit in Karaffen gefüllt, die in Mecklenburg „Grenadiere“ hießen, und dann zimmerwarm getrunken. „Ah, wuh!“ sagte man dann vielleicht auf echt Meckelbörgsch. Und so wollen wir es auch halten . . .

100

TAUSEND JAHRE MECKELBÖRG

Auf unbefestigten Wegen im Schatten alter Alleen zu wandern, zu radeln oder zu fahren, das ist in Mecklenburg heute noch möglich.

„Das Land Mecklenburg liegt an der Ostsee zwischen Pommern und Holstein; ist von der gütigen Natur mit gesunder Luft und fruchtbarem Boden begabet. Man findet auch an den meisten Orten mast- und obsttragende Bäume; insbesonderheit sind dessen angebaute Felder öfters mit Überfluß von Korn gesegnet. Die Ströme, welche seine Grenzen berühren, sind gegen Morgen die Rekenitz, gegen Mittag die Elbe und gegen Abend die Trave. Mitten im Land gibt es viele stehende und fließende Gewässer, die mehrenteils voller Fische, Aale und Krebse sind."
So schilderte David Frack in „Alt- und neues Mecklenburg" 1753 dieses wunderschöne Land, das sich auch heute noch der gleichen Vorzüge rühmen kann. Ein weites, welliges Land, voller grüner Hügel und dunkler Wälder. Flache Gegenden mit weitem Himmel wechseln ab mit Landstrichen, wo dich hinter jeder Wegbiegung ganz plötzlich und unerwartet ein See mit blauen Augen anblinken kann. Im Süden Heidesand, im Norden Strand und dazwischen ein fettes, hügeliges Bauernland. Man möchte meinen, hier sollte es den Menschen immer gut gegangen sein. Die Äcker haben gewiß genügend abgeworfen, um satt zu werden. Die Landschaft, wie aus dem Märchenbuch, erfreut das Herz: Mecklenburg! Ein immer noch weithin unbekanntes Land voller Schlösser und Gutshöfe, voller Katen und kleiner Landstädtchen. Doch mecklenburgische Küche? Die junge Rika aus Güstrow schüttelt lachend den Kopf: „Nee, wüßte nich, was das sein soll . . ." Die junge Generation ist in Bezug auf die landestypische Küche so unwissend wie die „Geschmackspäpste" vergangener Epochen. Auch für sie war Mecklenburg kulinarisch eine „Terra incognita".
In der Tat ist es hier weniger leicht als in anderen Landstrichen, die heimischen Zubereitungsweisen der Mahlzeiten zu erforschen. Zumal die Gerichte eher schlicht zu nennen sind, mit einem gewissen Hang zum Süßen. Denn, so weiß auch ein altes mecklenburgisches Sprichwort: „Ein ganz klein wenig Süßes kann viel Bitternis verschwinden machen."
Und Bitternis gab es eine ganze Menge für die Mecklenburger. Darum wollen wir uns zuallererst der Geschichte zuwenden, ohne die auch die Küche dieses Landes

Nicht immer breitet sich über das Mecklenburger Land der schon sprichwörtlich gewordene blaue Bilderbuchhimmel mit Schäfchenwölkchen. Oft ziehen Wind und Wetter übers ungeschützte flache Land.

Unten: Mecklenburg ist weitgehend Agrarland. Beim Heumachen helfen noch Pferde als Zugtiere, wie hier in der Nähe von Krakow.

Nur sehr gute und geschickte Reiter können beim „Tonnenabschlagen“ teilnehmen. Dieser alte Brauch wird jedes Jahr auf dem Fischland und dem Darß gepflegt. „Tonnenkönig“ wird, wer eine aufgehängte hölzerne Tonne beim Reiten mit einem Knüppel herunterzuschlagen vermag.

nicht ganz leicht zu verstehen ist. Ausdrücklich wollen wir uns hier nur mit Mecklenburg beschäftigen, auch wenn Vorpommern, das zu Mecklenburg keine geographische Grenze hat, heute mit Mecklenburg zu dem gemeinsamen Bundesland Mecklenburg-Vorpommern vereinigt ist. Denn die Geschichte der beiden Landesteile kann durchaus nicht als eine Einheit betrachtet werden. Entsprechend unterschiedlich war auch die Entwicklung der verschiedenen Küchen.

Tausend Jahre Mecklenburg, so wird es gefeiert. Und das ist, wer wollte es leugnen, schon eine lange Geschichte. Die erste bekannte urkundliche Erwähnung der Mecklenburg um 995 ist der Anlaß für das runde Jubiläum. Diese Mecklenburg hieß eigentlich Michelenburg, was soviel bedeutete wie „große Burg“ oder „Königssitz“. Es war eine Slawenburg, denn in das während der Völkerwanderung von den Germanen verlassene Land waren gegen 600 n. Chr. wendische (slawische) Stämme eingezogen. Hauptsächlich waren dies in Mecklenburg die Stämme der Obotriten, der Wilzen und der Liutizen. Lange widersetzten sich die slawischen Stämme erfolgreich allen Bestrebungen des deutschen Reiches, sie zu Christen zu machen und ihr Gebiet dem Reich anzugliedern. Erst dem Sachsenherzog Heinrich dem Löwen gelang es 1160, den damals auf Burg Mecklenburg herrschenden Obotritenfürsten Niklot zu besiegen und die Obotriten zu unterwerfen. Noch im gleichen Jahr gründete Heinrich die Stadt Schwerin, die heutige Landeshauptstadt mit dem prächtigen Schloßbau am See.

Der Sohn des Slawenfürsten, Pribislaw, erkannte offenbar, was die Stunde geschlagen hatte. Er versöhnte sich 1167 mit Heinrich, ließ sich taufen und erhielt von diesem das Land als Lehen zurück. So geht das Geschlecht der mecklenburgischen Herzöge, das immerhin 751 Jahre die Geschicke des Landes bestimmte, auf den Slawenfürsten Niklot zurück.

Die wendischen Völker selbst aber wurden in eine Nebenrolle gedrängt. Im 13. Jahrhundert begann die systematische Besiedelung mit eigens angeworbenen Siedlern aus dem gesamten norddeutschen Raum. Die Einwanderer kamen insbesondere aus Westfalen, Niedersachsen, Flandern, Friesland, Holstein, aber

auch aus dem Rheinland und aus Franken. Selbstverständlich prägten diese Siedler nicht nur den Landbau, sondern auch die Küche Mecklenburgs.
Familien im altdeutschen Raum wurden durch sogenannte Lokatoren angeworben und planmäßig in Mecklenburg angesiedelt. Die Lokatoren genossen dafür Vorrechte, durften Mühlen oder Schänken betreiben und waren als Dorfschulzen Inhaber der niederen Gerichtsbarkeit.
Die Westfalen hatten in manchen Orten einen Anteil von bis zu zwölf Prozent. Denn hierher kamen die jüngsten Söhne der westfälischen Bauern, die wegen des zu Hause herrschenden Erbrechtes leer ausgegangen waren. Allein 45 von den 56 mecklenburgischen Städten wurden in dieser Zeit der Besiedelung gegründet. Oft neben alten wendischen Siedlungsplätzen, die sehr bald an Bedeutung verloren, schließlich ganz aufgesogen wurden und in Vergessenheit gerieten. Doch noch heute läßt sich an vielen Ortsnamen ablesen, ob sie eine deutsche Gründung oder slawischen Ursprungs sind. Ortsnamen, die auf -ow, -itz, oder -in enden sind slawisch, wie zum Beispiel: Krakow, Ribnitz oder Redefin. Ganz typische Namen für deutsche Gründungen sind

Beim „Warneminner Umgang“ wird Geschichte wieder lebendig. Dieses Volks- und Kostümfest geht bis auf das Jahr 1384 zurück, als Warnemünde Rostock unterstellt wurde und nur über sogenannte „Öllermänner“ oder das „Ältermänner-Kollegium“ die Anliegen der Bürger an den Rostocker Vogt herangetragen werden konnten.

Die „Kogge“ ein dickbauchiges Segelschiff, begründete den Reichtum der Hanse. Dieses Modell kann in der gleichnamigen Rostocker Hafenkneipe bewundert werden.

auf -hagen endende Namen wie Ankershagen, Reppenhagen oder Stavenhagen.

Doch gehen wir noch einmal zurück in die Vergangenheit. Der Landesherr gab das Land, das er nicht selbst behielt, als Lehen aus an Adlige, Klöster und Bauern. Mecklenburg entwickelte sich zu einer ersten Blüte. Hafen- und Handelsstädte wie Rostock und Wismar entstanden. Von hier wurde Handel getrieben mit Dänemark und Schweden, mit Gotland und dem Baltikum.

Man schloß sich der Hanse an, jenem mächtigen Städtebund, der noch bis in unsere Tage wirkt und sei es auch nur auf dem Nummernschild des Autos: HRO für Hansestadt Rostock.

Die Vitalienbrüder unter Führung des aus Wismar stammenden Seeräubers Klaus Störtebeker traten auf den Plan, als die dänisch-norwegische Königin Margarete den Schwedenkönig Albrecht gefangenhielt, der ein Sohn des Schweriner Fürsten Albrecht II. war. Die Seeräuber versuchten, Dänemark in einem zu Wasser geführten Kaperkrieg zu schwächen. Als Albrecht freikam, weil er auf den schwedischen Thron verzichtet hatte, richteten die Seeräuber ihre Angriffe nun auch gegen die reich beladenen Schiffe der Hanse. Wenn Klaus

Störtebeker mit seinen Vitalienbrüdern, allen voran Gödeke Michel, auch den Hansekaufleuten gefährlich wurde, unter der Landbevölkerung sah man ihn als Volkshelden, der „den Reichen nahm, um den Armen zu geben“. So erzählte man sich diese Legende: „Einst kamen Klaus Störtebeker und Gödeke Michel durch das Dorf Hagen in der Stubnitz und sahen einen alten Mann vor der Haustüre sitzen. Er klagte ihnen, er sei zu arm, den Mietzins zu zahlen. Störtebeker wies ihn an, sich aus der Uferschlucht bei Stubbenkammer einen Mast zu holen und zu zersägen. Als der Alte das tat, rollten ihm aus dem rohen Holze harte, blanke Taler entgegen. Voller Freude rief der alte Mann seine Frau herbei. Sie brauchten nicht mehr um ihre Zukunft zu bangen.“

Das Land Mecklenburg aber zersplitterte in immer neuen Teilungen. 1621 entstanden die Herzogtümer Mecklenburg-Schwerin und Mecklenburg-Güstrow. Im Dreißigjährigen Krieg (1618 bis 1648) bezog Wallenstein das Schloß Güstrow, strengte in Windeseile in dem damals schon rückständigen Mecklenburg Reformen an. Armenhäuser sollten eingerichtet werden, eine Wasserstraße von der Ostsee bis zur Elbe wurde geplant – nicht zuletzt aber sollten die verschiedenen, in Mecklenburg üblichen Maße und Gewichte zur Erleichterung des Handels vereinheitlicht werden.

Doch die ganze Herrlichkeit währte nur zwei Jahre, dann mußte Wallenstein abdanken, die alten Herzöge kehrten mit schwedischer Hilfe zurück und aus den Reformen wurde nichts. Schlimmer noch, der Krieg verwüstete ganze Landstriche und dezimierte die Bevölkerung auf ein Drittel. Im Westfälischen Frieden (1648) wurde Wismar schwedisch, das sollte so bleiben bis zum Jahre 1815, als Wismar zunächst gegen ein Pfandgeld an Mecklenburg zurückgegeben wurde.

Doch zurück zum Jahre 1701. Da wurde das Land erneut geteilt, diesmal in Mecklenburg-Schwerin und Mecklenburg-Strelitz. Es wurden neue Residenzen gebaut in Ludwigslust und Neustrelitz. Die Bauern lebten in schweren Zeiten. In einem Gesetz von 1654 wurde die bäuerliche Leibeigenschaft und Erbuntertänigkeit festgelegt. Bauernstellen wurden aufgelöst und dem Gutsbesitz des Großgrundbesitzers

Der Seeräuber Klaus Störtebeker machte um 1400 die Ostsee unsicher. Mit seiner Freibeutergruppe, den Vitalienbrüdern, wurde er für die Hanse so gefährlich, daß vorübergehend der Seehandel mit England eingestellt werden mußte. Doch der Gegenschlag der mächtigen Kaufleute ließ nicht lange auf sich warten: 1402 wurde Störtebeker in Hamburg hingerichtet.

Für Einheimische, Seeleute und Touristen gleichermaßen von Bedeutung: Gaststätten, Kneipen und Restaurants mit Köchen, die mit heimischen Gerichten aufwarten.

zugeschlagen. Durch dieses sogenannte Bauernlegen wurde der Bauer zum Landarbeiter. Im landesgrundgesetzlichen Erbvergleich von 1755 wurde dies ganz ausdrücklich als Recht des Gutsherrn anerkannt.

„Wi Meckelbörger sünd man Herrn un Knechte ..." formulierte es Fritz Reuter, der mecklenburgische Dichter, der in seinem Werk „Kein Hüsung" die Verhältnisse anprangerte, unter denen Menschen auf den Gütern nahezu wie Vieh behandelt wurden. Und das blieb so, bis 1918 der Großherzog abdankte. Mecklenburg war also kein Land, das seinen Bewohnern in den vergangenen zwei Jahrhunderten großartige Perspektiven bot. Auch später nicht, als die Bauern schon wieder ihre Höfe hergeben mußten für die zweifelhaften Vorteile, in einer LPG wirtschaften zu dürfen. So wundert sich auch kaum jemand darüber, daß schon um die Mitte des vorigen Jahrhunderts eine Auswanderungswelle durch das Land ging und viele Mecklenburger, die mehr vom Leben erwarteten als ewige Abhängigkeit, sich aufmachten auf den Weg in die neue Welt – Amerika – um dort ihr Glück zu machen.

Mir ist es selbst passiert, daß mich vor ein paar Jahren in einem Seebad im Westen der USA eine alte Dame auf der Straße auf Plattdeutsch ansprach: „Sünd Se ut Düütschland?" Ja, sie sei „ut Meckelbörg" und gleich nach dem Kriege zu ihrer Cousine, die dort geboren sei, in die USA gezogen. Sie spräche immer noch besser Platt als Englisch. Ach, und der Atlantik sei ja nicht halb so schön wie die Ostsee, die sie so vermisse ... Wie sie denn mit dem amerikanischen Essen zufrieden sei, wollte ich wissen. „Ach, n' Meckelbörger Magen kann allens verdragen . . ."

Oben: Beim Anblick der Segelboote im Hafen von Rostock kommt Fernweh auf. Seitdem die „Sail 91“ hier mit großem Erfolg durchgeführt wurde, finden jedes Jahr im August die Hanseatischen Hafentage statt.

Links: Seeleute aus aller Herren Länder bevölkern die Rostocker Innenstadt.

Lewitz und Griese Gegend

Fritz Reuter und Mecklenburg gehören zusammen. Der Dichter aus Stavenhagen beschrieb in seinen humorvollen Romanen, Erzählungen und Gedichten seine Landsleute mit all ihren liebenswerten Schnurren, Ecken und Kanten.

Wir kommen von Hamburg. Nach einer knappen Autostunde breiten sich links und rechts der Autobahn weite Ackerflächen durchsetzt von grauem Quarzsand, dazwischen Kiefernwälder, einzelne Bauernhöfe. Mancherorts säumt Heidekraut den Weg. Hier im Südwesten ist Mecklenburg am ursprünglichsten und schuld daran ist die Eiszeit. Denn hier haben die Schmelzwässer am Rande des Eises den Untergrund geebnet und breite Sandebenen gebildet, dazwischen Flüßchen: die Elde, die Sude, die Rögnitz.

Ganz typisch sind hier die mit Kiefern bewachsenen Inlanddünen, die sich gebildet haben, als die Sandflächen noch nicht bewachsen waren und deshalb vom Winde verweht werden konnten.

Eine weitere Besonderheit im Südwesten Mecklenburgs ist der Reichtum an seltenen Mineralien. Denn im Untergrund sind hier Ablagerungen aus dem erdgeschichtlich viel älteren Pleistozän durch jüngere Gesteinsschichten hindurch an die Oberfläche gedrungen. Kalkmergelgruben gibt es hier und Salzstöcke. Auch Raseneisenerz wird hier häufig gefunden. Im Volksmund heißen diese Steine „Klump". Wer mit offenen Augen durch die Gegend geht, sieht, daß die Bewohner dieses Landstrichs Häuser und Mauern aus dem düsteren, schwarzbraun wirkenden Gestein gebaut haben. Damit es dennoch schmuck aussieht, wurden die Fugen häufig geweißt und mit kleinen Steinchen gesprenkelt.

Dieses Gebiet zwischen den Flüßchen Elde und Sude heißt im Volksmund „Griese Gegend" – warum, darüber streiten die Fachleute noch. Die einen meinen, wegen der quarzsandgrauen Äcker, die anderen verfechten die Ansicht, der Name sei durch die grauen Kittel entstanden, die die Menschen hier früher trugen.

Fritz Reuter scheint diese Landschaft nicht sehr gefallen zu haben. Möglich, daß sein Aufenthalt in Dömitz daran schuld war, denn hier saß er ein Jahr in der Festung in Haft.

Die Festung in Dömitz ist übrigens heute ein Museum und ausgesprochen sehenswert. Das Bauwerk selbst ist eine vollständig erhaltene Flachlandfestung, nach italienischen Vorbildern gebaut. Die Erbauer haben sich nicht träumen lassen, daß hier einst ein Heimatmuseum eingerichtet werden würde mit schönen

nostalgischen Schaustücken. Da gibt es zum Beispiel einen richtigen alten Tante Emma-Laden zu besichtigen, mit all den vielen Schubkästen für Graupen und Grieß, Erbsen und Linsen, Zucker und Mehl. Landwirtschaftliche Geräte werden gezeigt, und wie sie in der Griesen Gegend benutzt wurden, um dem kargen Boden etwas Eßbares abzuringen. Auch Fritz Reuters wird in diesem Museum gedacht. Seine einjährige Seelenpein als Festungshäftling wird es nicht lindern, doch immerhin ist ihm eine Ehrenhalle in der ehemaligen Garnisonskirche gewidmet. Heute, da auch in Mecklenburg die meisten Straßen befestigt sind, macht der Sand dem Reisenden kein Problem. Auf also zu unserem kulinarischen Streifzug. Kiefern und Birken, Eichen und Erlen wachsen hier und in den Wäldern jede Menge „Bickbeeren" (Blaubeeren). Sie zu ernten, wanderten früher Frauen und Kinder kolonnenweise in den Wald. Sie kehrten reich beladen heim – und abends gab's „Pannkoken un Bickbeern", hm lecker! Der Großteil der Früchte aber wurde zu Marmelade und Saft verarbeitet, als Vorrat für den Winter. Denn die Mecklenburger lieben bekanntlich Fruchtiges. Der Boden hier ist ärmer an

Wegen der Zugehörigkeit zu einer Burschenschaft mußte Fritz Reuter sieben Jahre in Haft verbringen. Davon saß er ein Jahr in der Festung Dömitz ab. „Ut mine Festungstid" heißt das Buch, in dem Reuter unter anderem seine Erlebnisse in Dömitz verarbeitet hat. Über die Griese Gegend schreibt er: „Was ne grote Gegend, un Voß un Has säden sick dor ‚Gun Morgen'; Minschen wohnten dor nich, un sei säden, jo sülwst, de Franzos' wier ümkihrt, as de Sand em an den Schinken gan was."

Die Mecklenburger Küche liebt Fruchtiges. In vielen Gerichten wird Obst mit Fleisch kombiniert.

Nährstoffen und es wird entsprechend mehr Land benötigt, um ausreichende Ernten an Roggen und Kartoffeln zu erzielen. So liegen hier die Dörfer entsprechend weit auseinander. Es sind überwiegend Bauerndörfer, denn Gutshöfe konnten sich bei den mageren Böden nur wenige halten. Schon in der Zeit der Besiedlung war die Griese Gegend nicht sehr beliebt. Die neuen Siedler bevorzugten die fetteren Äcker. So blieb Mecklenburg im Südwesten besonders ursprünglich, mit ausgedehnten Wäldern und einer bäuerlichen Bevölkerung, die einfach lebte und sich schlicht ernährte.

Der Tageslauf einer solchen Familie könnte etwa folgendermaßen ausgesehen haben: Das Morgenbrot gab es in der Frühe gegen 5 Uhr. Es bestand aus Kartoffeln, die mit Speck gekocht wurden, einer dicken Milchsuppe und Malzkaffee, der hatte sich in Mecklenburg nach Napoleons Kontinentalsperre zunächst als Kaffee-Ersatz etabliert, war aber bald so beliebt, daß Zichorien-Fabriken im Lande entstanden. Doch im bäuerlichen Haushalt stellte man ihn selber her.

Zum Malzkaffe, für den jede gute Hausfrau ihr eigenes Rezept mit einem ausgeklügelten Mischungsverhältnis hatte, gab es zum Frühstück für ganz Hungrige außerdem Butterbrot.

Gegen acht Uhr, nach der ersten Arbeitsphase des Tages, gab es zum „Hochimt", einem Imbiß, der auch „Kleinmittag" genannt wurde, Brotsuppe, Speck und selbstgebrautes Bier.

Mittag war pünktlich um zwölf. In vielen bäuerlichen Haushalten hatte die Bauersfrau oder die Altbäuerin, die das Essen kochte, ein Horn an der Küchenwand hängen. War es zwölf, ging sie hinaus und blies das Horn in Richtung Felder, auf denen Bauer und Landarbeiter sich aufhielten. Häufig aufgetischt wurde „Mankkaaktäten", ein Eintopf aus Hülsenfrüchten, Kohl, Backobst, Pökelfleisch und Speck, der praktischerweise gleich für mehrere Tage gekocht wurde.

Zum Abendbrot gegen 4 Uhr nachmittags aß man Brot und Butter, dazu den deftigen Malzkaffee mit viel Milch. Wer es sich üppiger leisten konnte, legte auch Wurst und Schinken aufs Brot.

Die letzte Mahlzeit des Tages wurde nach getaner Arbeit eingenommen. Dann stand ein Kartoffelgericht ohne Fleisch auf

dem Tisch. Besonders beliebt war eine riesige Pfanne mit Bratkartoffeln in der Mitte des Tisches, aus der sich alle mit der Gabel bedienten, daneben stand eine „Kumme“ (Schüssel) mit saurer Milch, in die die in Speck gebratenen, mit etwas Zucker wohlgebräunten Kartoffeln gestippt wurden.

Nach diesem Ausflug in die kulinarische Vergangenheit fahren wir weiter durch weites Land. Flach liegen jetzt saftige Wiesen da, durchzogen von zahlreichen Gewässern. Kraniche kreuzen den Himmel, fern zwischen den Kühen im Gras schreitet der Storch majestätisch das Gelände ab. Am Horizont die Flügel einer Windmühle.

Wir sind nun in der Wald- und Wiesen-Lewitz, jener 12000 Hektar großen Niederung, die sich südlich des Schweriner Sees bis zur Elbe hin erstreckt. In der Mühle machen wir Rast und genießen eine Mecklenburger Spezialität: Rippenbraten mit Backobst. Der Kontrast zwischen gebratenem Fleisch und dem süßsauren, sämig gekochten Backobst ist einfach köstlich. Das frische Lübzer Bier ist ein Pils, das nicht so herb, sondern eher ein wenig fruchtig schmeckt und daher gut zum Braten paßt.

Im Südwesten ist alles noch ein wenig gemächlicher als anderswo: viel unverbaute Landschaft, kleine Städtchen und Weiler, verstreute Bauerngehöfte.

Der Segen der Küste: Aale, Möwen, FKK

Wo Möwen sind, ist auch Wasser. In Mecklenburg ein alltäglicher Anblick, manchmal geliebt, sehr oft auch nur geduldet.

Wo de Ostseewellen trekken an den Strand,
wo de gele Ginster bleugt in'n Dünensand,
wo de Möven schriegen grell in't Stormgebrus,
da is miene Heimat, da bün ick to Hus.

Martha Müller-Grählert, die diese Hymne an die mecklenburgische Ostseeküste geschrieben hat, ahnte nicht, welchen Erfolg dieses kleine harmlose Gedicht haben würde. Es traf der Heimatliebe mitten ins Herz. Sogar umgeschrieben wurde der Text und bezog sich dann auf die Nordsee. Doch entstanden ist er in der Großstadt Berlin aus Sehnsucht nach jenem nördlichen Landstrich, der so rauh und dabei so lieblich ist. So kühl und dabei so voller Sinnenfreuden und lebensfroher Genüsse.

Fischgerichte in allen Variationen sind der natürliche Reichtum der Küste. Hering, Makrele und Aal, Dorsch und Krebse werden hier auf die verschiedensten Weisen zubereitet. An dieser Küste hält das Meer ein großes Gastmahl ab. Und die Fischer haben großen Respekt vor der See, die im Sommer so freundlich wirkt und die doch in den rauhen Herbst- und Frühjahrsstürmen manches Fischerleben gekostet hat. Ganze Generationen von Fischern hat die Ostsee ernährt. Das Handwerk wurde vom Vater auf den Sohn vererbt. Zwei Mann arbeiteten jeweils auf den kleinen Ostseefischerbooten, die nicht länger als fünf bis sechs Meter lang und zwei Meter breit sind. Jeder Handgriff sitzt, man versteht sich ohne viele Worte.

Gefischt wird das ganze Jahr über, doch was die Fischer von ihrem Fang nach Hause bringen, ist ganz unterschiedlich: Der allseits beliebte Aal wird vorzugsweise in den Monaten Mai, Juni, Juli und August gefangen. Steinbutt und Hornfisch im Mai und Juni. Im Juli und August kommen Dorsch und die selteneren Makrelen. Ab September bis Januar fangen die Fischer Flundern, Lachse und Forellen, in dieser Zeit seltener Dorsch. Besonders aufwendig ist der Aalfang, denn er muß gut vorbereitet werden. In früheren Zeiten haben die Fischer ihre Waren selbst auf dem Markt angeboten: „Köpt Butt!" oder „Holt Dösch!" riefen sie dann. Hier und da kann man es auch heute noch hören...

Die Ostsee, das ist für Mecklenburg aber nicht nur ein fischreiches Gewässer, jahrhunderte-

lang ist sie auch Verkehrs- und Handelsweg und das große Tor zur Welt gewesen – mal abgesehen von den vierzig Jahren, in denen schon verdächtig war, wer sich mit der Luftmatratze in die Wellen wagte.
Hier entstanden die traditionsreichen Hansestädte Rostock und Wismar, von denen aus Handel getrieben wurde mit dem gesamten Ostseeraum und mit Übersee. Hier landeten die Segelschiffe mit fremdländischen Schätzen, mit Gewürzen, mit Kaffee und Tee und mit feinen Stoffen aus England oder Indien.
Handel und Wandel aber konnten nicht ungestört bleiben. So trieben Seeräuber, wie zum Beispiel der legendäre Klaus Störtebeker mit seinen Vitalienbrüdern, auf der Ostsee ihr Unwesen und raubten die reichen Handelsschiffe aus, wenn sie ihnen in die Hände fielen. Nun ging es den Hansestädten dadurch nicht gerade viel schlechter, schließlich besaßen sie das Handelsprivileg für die gesamte Ostseeküste. Übler war da schon, daß Rittergutsbesitzer an den Städten vorbei agierten. Um den profitablen Handel mit den Produkten des eigenen Landes nicht den Handelshäfen Rostock und Wismar zu überlassen, entstand ein einträglicher und nicht ganz legaler

Die meisten Mecklenburger können mit Schiffen und Booten umgehen. Beim Fischkutterrennen in Warnemünde dürfen sie es immer wieder beweisen.

Wie jedes Handwerkszeug müssen auch die Netze immer in Ordnung sein. Ein Loch im Gewebe, und der Fang ist verloren.

Handel, der sich über sogenannte Klipphäfen abwickelte. Mit ungeheurer Dreistigkeit spielten sich diese Aktivitäten unter den Augen der Hansestädte ab. Ein bevorzugter Klipphafen war das Gebiet zwischen der Insel Poel und dem Festland, in der Wismarer Bucht, dann das Salzhaff und das Küstengebiet vor Kühlungsborn. Von hier starteten die Klippschiffer mit ihren Schuten und brachten ihre Kornladungen direkt zu den großen Handelsschiffen, die auf See auf sie warteten. Doch Rostock und Wismar mochten gegen diesen Klipphandel Einspruch einlegen, soviel sie wollten, unterbinden ließ er sich nicht.

Verheerend war der Dreißigjährige Krieg für Wismar, das zum Zankapfel zwischen Dänemark und Schweden geworden war. Die Schweden, seit 1648 Herren der Stadt, bauten damals Wismar systematisch zur größten Festung Europas aus. Was die Dänen aber nicht abhielt, die Festung zu schleifen. Dennoch, Wismar blieb schwedisch, bis es endlich 1815 wieder an Mecklenburg zurückgegeben wurde. Vorerst gegen ein Pfandgeld. Erst 1903 verzichtete dann Schweden ganz auf die reiche, ehemalige Hansestadt.

Die Menschen an der Küste, die weder vom Handel noch von Piraterie lebten, waren überwiegend Fischer. Sie führten ein hartes Leben auf See, um dem Wasser seine Ernte abzuringen – und so mancher mußte dabei sein Leben lassen. Die verträumten Fischerorte an der Ostsee gaben da ein ganz anderes Bild ab.

Etwa auf halber Strecke zwischen Wismar und Rostock liegt Bad Doberan. Von hier kann man schon seit 1886 mit Molli, einem alten Dampfzug nach Heiligendamm tuckern, Deutschlands ältestem Seebad. Es wurde 1793 von Herzog Friedrich Franz I. von Mecklenburg-Schwerin gegründet, und zwar auf Anregung des Arztes und Rostocker Universitätsprofessors Dr. Samuel Gottlieb Vogel. Dieser ließ sich später in dem fashionablen Luxusbadeort Heiligendamm als Badearzt nieder und ging in die Geschichte ein als Begründer der deutschen Meeresheilkunde. Friedrich Franz I. machte Heiligendamm zu seiner zweiten Sommerresidenz. Aus dem bis dahin unbedeutenden Ort wurde ein mondänes Seebad voller Luxus und Vergnügen. Die Pferderennen auf der Rennbahn in Bad Doberan waren

Die flachen Boddengewässer entlang der Ostsee verlangen besondere Boote mit wenig Tiefgang. Die traditionelle Fischerei mit Zeesenbooten konnte sich ins 20. Jahrhundert hinüberretten. Doch der Fang ist heute längst nicht mehr ganz so üppig und artenreich, wie er schon einmal war.

Oben: Heiligendamm, das älteste Seebad Deutschlands, wurde 1793 gegründet. Es hatte schon bald den Ruf der „weißen Stadt am Meer“ und wurde weit über die Grenzen Mecklenburgs bekannt.

Unten: Die Schmalspurbahn „Molli“ verbindet auf einer 40 km langen Strecke heute noch Bad Doberan mit den Seebädern Heiligendamm und Kühlungsborn. Allerdings ist die Fahrt mit dieser Museumseisenbahn für den Reisenden inzwischen abenteuerlicher als das Treiben am Stand.

gesellschaftliche Höhepunkte, die mit prunkvollen Diners gefeiert wurden.
Schon um 1800 war der Andrang so groß, daß ein Chronist in Heiligendamm am 27. Juli 156 Wagen zählte und eine Menge Reitpferde.
Neunzig Jahre später war aus den Ferien an der See ein Vergnügen fürs breite Publikum geworden. Von Berlin aus fuhren am Wochenende sogenannte „Ehemännerzüge“, die die Daheimgebliebenen, weil arbeitenden Väter am Sonntag zu ihren Familien in die Sommerfrische brachten.
Für heutige Verhältnisse völlig unvorstellbar, wie verschämt man ins Wasser stieg, nämlich aus Badekarren und streng nach Männlein und Weiblein getrennt, noch dazu vom Kinn bis zu den Knien in Badekleidung eingehüllt. Später baute man mächtige Seebadeanstalten und erst in den zwanziger Jahren unseres Jahrhunderts setzte sich das sogenannte Freibaden durch – also der Fußweg vom Strandkorb zum Wasser und das auf eigene Gefahr. Noch 1930 schreibt eine Badeordnung aus Warnemünde vor, daß „vor allem ein geschlossener Badeanzug getragen werden muß und das An- und Auskleiden nur im verhängten Strandkorb erfolgen darf . . .“
Da ist man heute doch längst nicht mehr so prüde. Überall am Ostseestrand gibt es FKK-Strände. Zum Beispiel auch auf der Insel Poel in der Wismarer Bucht. Poel wurde bekannt als Fischer- und Agrarinsel. Weizen und Kohl, Aale und Möweneier waren die Produkte, die früher von hier auf den Markt gebracht wurden. Besonders der Kohl war weit und breit begehrt, wohl weil die Inselböden ihm ein unvergleichliches Aroma gaben. Die Inselbauern hatten zeitweilig sogar eigene Transportschiffe, auf denen sie ihre Erzeugnisse die Ostseeküste entlangschipperten und auf eigenes Risiko vermarkteten. Später, als der Damm zum Festland gebaut war, wurde der Transport sicherer. Ausgesprochen lukrativ und relativ mühelos war der Handel mit Möweneiern. Die Vögel brüten immer noch auf der Poel vorgelagerten Insel Langenwerder. Man watete durchs flache Wasser dorthin, sammelte die Eier ein und verkaufte sie zu guten Preisen an die Feinkosthändler in Wismar, bei deren Kundschaft sie sehr begehrt waren. Als 1913 der Nesträuberei ein erster Riegel vorgeschoben

Nächste Doppelseite: Am Strand von Warnemünde. Die typischen Strandkörbe dienten immer schon zwei Zwecken: Sie halten Wind und neugierige Blicke ab.

STRAND
CAMEL

2.-
VERLEIH

Auch auf der Insel Poel vor der Wismarer Bucht gibt es ein Timmendorf mit Anlegebrücken und Leuchtturm. Allerdings längst nicht so mondän und überlaufen wie das holsteinische Seebad mit demselben Namen.

wurde, stieg man des öfteren auf Kiebitzeier um. Doch auch das ist lange her, Langenwerder ist heute Vogelschutzgebiet und darf nur noch von Wissenschaftlern mit Genehmigung betreten werden. Doch auch ohne Möweneier hat Poel seine Attraktionen. Am Hafen von Kirchdorf bekommt man leckeren geräucherten Aal und andere Fischspezialitäten. Die kann man beinebaumelnd auf der Mole verzehren, den Booten aus Lübeck und Wismar zusehen, die hier anlegen, dazu die unvergleichliche Mischung aus Diesel und Tang einsaugen und den Herrgott, wie die Meckelbörger sagen, einen guten Mann sein lassen.

Oder man erklimmt den Wall am Ende der Mole. Schon steht man an dem Ort, wo einst Gustav Adolf, der Schwede, mit dem Schweriner Fürsten diskutiert hat – bei einem Glas Rotspohn vermutlich, denn der Schweriner berichtete später, er habe die ganze Nacht „mit dem König saufen müssen". Heute befinden sich hinter den Wällen nur noch die alte Kirche und ein verwunschener Friedhof.

Von Kliebensuppe und Reiherbrust

Jagen war immer die Angelegenheit der Herren und Grundbesitzer. Folglich war auch das Wildbret den besseren Häusern vorbehalten, es sei denn, man besorgte sich die feinen Braten durch unerlaubtes Wildern.

Wir haben die Autobahn bei Raben Steinfeld am Pinnower See verlassen und fahren an Mueß vorbei auf die Landeshauptstadt Schwerin zu. Schon von fern taucht das Schloß ins Blickfeld. Das Schweriner Schloß, ein Stück, wie aus dem Märchenbuch. So habe ich mir als Kind vorgestellt, muß ein Schloß aussehen. Auf einer Insel, wenig größer als der Schloßgrundriß, liegt das Bauwerk im Schweriner See. Eine Brücke verbindet es mit der Stadt, die als Residenzstadt angelegt wurde. „Schwerin liegt in Mecklenburg, oben, in der Nähe der Ostsee, und es war früher eine stille Residenz, früher, als der Großherzog von Mecklenburg dort noch im Schloß regierte." So beschreibt Kurt Tucholsky die Stadt, und weiter: „Ach, das war eine schöne Zeit! Der Großherzog fuhr aus und rollte in leichtem Wagen durch die Stadt: er fuhr zwischen großherzoglichen Hoflieferanten und grüßenden Hoflieferantentöchtern schnell dahin, um die Stadt lag das flache Land unbeschreiblich idyllisch, fett und auf das ungerechtigste verwaltet da – aber die liebe Sonne beschien alles und jedermann hatte seine Freude daran . . ."

Flaches Land? Wohl kaum, das hat „Tucho" sicher im übertragenen Sinne gemeint. Denn auf sieben Hügeln inmitten von elf Seen liegt die Stadt Schwerin. „Auf das ungerechtigste verwaltet", das allerdings war lange zutreffend. Doch Mecklenburg, das Land der Herren und Knechte, der Katen und Schlösser bezieht seinen speziellen Reiz eben aus diesen Gegensätzen. Wobei natürlich gesagt sein muß, daß das Leben eines Tagelöhners oder leibeigenen Bauern durchaus nicht reizvoll war, sondern geprägt von harter Arbeit und zum Teil unmenschlicher Behandlung durch die Herren. Heute aber, da diese Zustände längst ein Ende haben, ist geblieben, was damals entstand: Gutshäuser, Schlößchen und Schlösser findet man in großer Zahl übers Land verteilt. Wobei die Unterscheidung, ob es nur ein Gutshaus oder schon ein Schlößchen ist, nicht immer ganz leicht fällt, denn manches dieser prächtigen Gebäude entstand als Nachfolgebau eines Gutshauses und hatte auch diese Funktion, war aber architektonisch inspiriert vom Schlösserbau. Ein treffendes Beispiel ist das Gutshaus in Quassel im Kreis Hagenow. Gutshäuser, das waren die Wohn-

häuser der Herren. Diese Häuser standen immer im engen Zusammenhang mit den Arbeiten auf den umliegenden Ländereien. So waren hier meist Gesindehäuser, Schnitterkasernen und andere Wirtschaftsgebäude angegliedert, und in nicht allzugroßer Entfernung lag das Dorf mit den Katen der Büdner und Tagelöhner. Die Menschen, die hier lebten, aßen einfach und kalorienreich. Sie verstanden, auch aus schlichten Zutaten Genuß zu ziehen. Man denke nur an die Kliebensuppe – eigentlich eine relativ simple Milchsuppe mit Mehlklümpchen drin, aber was für eine Köstlichkeit, wenn sie von einer geschickten Köchin zubereitet ist! Im Gutshaus pflegte man reichlich, aber ebenso bodenständig zu essen. Küche und Hauswirtschaftsräume lagen zu ebener Erde oder im Keller. Gekocht wurde von eigens dafür angestellten Köchinnen, die über einen reichen Erfahrungsschatz verfügen mußten. Denn neben den täglichen Mahlzeiten mußten sie auch Gesellschaften oder Jagdessen ausrichten können. Zum Beispiel wenn der Gutsbesitzer im Herbst mit befreundeten Herren von anderen Gütern zur Jagd ausgeritten war. Auf den Tisch kam dann allerlei Wildbret. Zum Beispiel Fasanen. Die vorbe-

Mecklenburg ist auch ein Land der Schlösser, Herrensitze und Gutshäuser. Allerdings sind nicht alle so gut erhalten wie das Jagdschloß Friedrichsmoor in der Lewitz.

Nächste Doppelseite: Das Märchenschloß von Schwerin war jahrhundertelang Residenz der mecklenburgischen Herzöge. Die Ähnlichkeit zu den Loireschlössern kommt nicht von ungefähr: Mitte des 19. Jahrhunderts wurde es nach dem Vorbild des Schlosses Chambord umgebaut.

Das ehemalige Schloß von Neustrelitz ist 1945 leider den Flammen zum Opfer gefallen. Erhalten blieb der wunderschöne barocke Schloßpark mit dem Tempel der Hebe, der Mundschenkin der Götter.

reiteten Fasanen, Rebhühner und Birkhühner umwickelte man mit salzbestreuten Speckscheiben. Dann wurden die Vögel in Butter gebräunt und unter Zugabe von etwas Sahne immer wieder begossen. Nach etwa 60 bis 90 Minuten waren sie gar, wurden von den Speckscheiben befreit und aus dem Fond wurde eine Rahmsoße zubereitet.
Das mecklenburgische Kochbuch von 1868 bemerkt dazu: „Für die Fasanen ist zu beachten, daß sie vor der Bereitung einige Tage in den Federn gehängt haben müssen; es schadet nichts, wenn dies so lange währt, bis die Haut am Bauche einen grünlichen Schein erhält, während alles andere Geflügel alsdann unbrauchbar ist. Für die Verzierung des Fasans bedient man sich des Kopfes und der Schwanzfedern desselben. Ersterer wird zu dem Zwecke vorher abgehauen, mit den Federn in eine Papiermanschette gesteckt und vor das obere Ende des Bratens gelegt; die Schwanzfedern legt man an das untere Ende, nachdem man die Kiele mit Papier umwunden und gleichfalls in eine Manschette gesteckt hat."
Ebenso bereitete man Waldschnepfen und Bekassinen, Lerchen und Krammetsvögel, wobei Waldschnepfen und Lerchen ausgenommen wurden, die Bekassinen und die Krammetsvögel aber nicht. Wildgänse und Trappen wurden wie Puter zubereitet.
Doch zurück zu den Schlössern! Schwerin, Ludwigslust, Güstrow und Neustrelitz waren während der wechselhaften Geschichte des Landes Sitz der mecklenburgischen Herzöge. Das Schloß Neustrelitz ist abgebrannt und die Ruine abgerissen worden. Ein bemerkenswerter Park ist zurückgeblieben. In Güstrow gibt es ein Schloßmuseum zu besichtigen. Und immerhin eine Schloßgaststätte, in der man sich Güstrower Kaninchenroulade zu Gemüte führen kann – eine eigene Kreation des Kochs. Das ist die Jetztzeit. Zu Zeiten Ulrichs III. (1555 bis 1603) war es hier nicht so gemütlich. Ulrich war der zweite Sohn Albrechts des Schönen, und ihm, dem Fürsten zu Wenden, Grafen zu Schwerin, dem Herrn der Lande Rostock und Stargard, war es im Winter trotz der Glasscheiben in den Fenstern und trotz der Kachelöfen in den Zimmern bitter kalt. Im Winter wohnte die Fürstenfamilie im Keller, denn hier war es erträglich und etwas wärmer.

An der Straße von Güstrow nach Schwerin liegt Sternberg. Hier im Heimatmuseum bewundern wir den Sternberger Kuchen – doch wer den essen möchte, beißt sich vermutlich die Zähne aus. Denn diese gelbbraunen Klumpen mit eingebackenen Muscheln und anderen Meerestieren sind nicht zu essen, es sind Ausgrabungen aus alten Erdformationen des Tertiär.
Ausgrabungen ganz anderer Art wurden nicht weit von hier in Groß Raden gemacht. Aus der Luft entdeckten Flieger 1932 einen Burghügel am See. Was später von Archäologen freigelegt wurde, ist liebevoll rekonstruiert: Eine Slawenburg mit dazugehöriger Siedlung und Tempelanlage. Was hier gegessen wurde, hat sich vermutlich über offenem Feuer am Spieß gedreht. Ein Hauch von Wildwest liegt über dem Museum.
Doch zurück nach Schwerin. Auch wo heute das Schloß steht, hatte sich eine Slawenburg befunden, der in Groß Raden nachgebauten sicher nicht unähnlich, bis Heinrich der Löwe 1160 die Residenzstadt Schwerin gründete und hier das Schloß entstand. Seine heutige Silhouette verdankt es Herzog Friedrich Franz II., der nach seinem Regierungsantritt 1842 das Schloß

Das monumentale Schloß Ludwigslust kann mit einem Höhepunkt aufwarten: Es wird von dem größten Schloßpark Mecklenburg-Vorpommerns umgeben – einem Areal von 140 Hektar.

Jagdgründe gibt es zahlreiche in Mecklenburgs unberührter Natur. Und die Jagd ist nicht nur Hobby und Freizeitvergnügen, sondern notwendig, damit der Bestand an Wild nicht zu groß wird.

dem eigenen Bedeutungswahn anpassen ließ.
Gekocht wurde auf den Schlössern in den üblichen riesigen Kellerküchen. Das vielköpfige Küchenpersonal hatte die Wünsche der jeweiligen Herrschaft zu befriedigen. An Fürstenhöfen aber war das Essen eher ein wenig international, den jeweils herrschenden Moden enstsprechend.
Gelebt hat Mecklenburgs Dynastie nicht schlecht. Immerhin können die „Niklotiden" auf 751 Jahre Regentschaft in Mecklenburg zurückblicken. 1815, als Resultat des Wiener Kongresses, nahm das Haus Mecklenburg großherzogliche Würde an. Friedrich Franz I. regierte damals noch in Ludwigslust. Er war ein sinnenfroher Mensch, den Eduard Vehse, ein Historiker des 19. Jahrhunderts, so schilderte: Seine „derbe Vernunft war mit einer noch derberen Sinnlichkeit vergesellschaftet, der er den Zügel recht mit Behagen überließ: er war so recht ein Musterstück eines obotritischen Genuß- und Lebemannes und brauchte . . . dazu gar viel Geld." Dem bei seinen Untertanen beliebten Lebemann verdankt Mecklenburg das glanzvolle Seebad Heiligendamm. Bei seinem Tode sollte die Dynastie nur noch 71 Jahre an der Macht bleiben, am 14. November verkündete Großherzog Friedrich Franz IV. seine Abdankung. Seine Söhne Friedrich Franz und Christian Ludwig waren damals vier und zwei Jahre alt. Sie wuchsen auf ohne die Bürde des zukünftigen Amtes, aber fürstlich.
Geräucherte Reiherbrust soll heute noch eines der Lieblingsgerichte des Herzogs Mecklenburg (Christian Ludwig) sein. Sie wurde gewürfelt, auf einem Teller verteilt und eine mit Butter bestrichene Schwarzbrotscheibe wurde so daraufgedrückt, daß die Würfel hängenblieben.
Für Schnepfendreck auf Toast wurden die Innereien einer Schnepfe, also Magen, Lunge, Därme, Herz und Leber mit gehackter Petersilie, Portwein und Pfeffer vermischt. Die Masse wurde auf ein Toastbrot gestrichen und im Ofen überbacken.
Eine besondere Erinnerung des Herzogs Mecklenburg ist das Rezept seiner Nanny – der Kinderfrau – für kranke Kinder: In eine kräftige Hühnerbrühe Kartoffelbrei rühren und ein Stück Butter hinzufügen. Diese Mischung nannte sie „Dog's Dish" und es hieß, sie mache jedes kranke Kind gesund.

Wer heute auf die Pirsch geht, muß sich an vorgeschriebene Schonzeiten und Verordnungen halten.

Die Seen: Karpfen, Hirsch und Tuckeraal

Dieser Fischer hat Karpfen, Brachse und Forelle aus dem Wasser des Plauer Sees gezogen.

Ganz sacht gleitet unser Faltboot durchs Wasser. Eine leichte Brise nur weht über die weite Wasserfläche. Ein Raubvogel steht mit rüttelnden Schwingen in der Luft. Urplötzlich stürzt er nach unten ins Wasser, wie ein Stein, um dann aus gischtendem Wasser wieder aufzutauchen. Fasziniert beobachten wir die Nahrungssuche des Vogels. Auch wir sind hungrig. Vorn am Anleger mit dem weiß gestrichenen Geländer wollen wir uns umtun nach einer Gaststätte, die uns mit Fisch verwöhnt.

Zander und Hecht, Plötze, Barsch und Aal kann man hier mit etwas Ausdauer auch selbst an Land ziehen. Doch zum Angeln sind wir viel zu müde nach unserer ausgedehnten Tour den See entlang.

Als hätte Gott einen Spiegel fallen lassen, heißt es in Mecklenburg über die Seenplatte mit ihren mehr als achthundert großen und kleineren Seen, die mit blauen Augen in den mecklenburgischen Sommerhimmel blinken. Sie sind entstanden durch die Eisrandlage dieses Landstrichs während der letzten Eiszeit.

Auch wenn dies ja eigentlich ein Kochbuch ist, und vom Essen die Rede sein soll, möchte ich nicht versäumen, ganz kurz auf die gestaltenden Kräfte einzugehen, die diese reizvolle und fruchtbare Landschaft entstehen ließen. Eismassen, die aus Skandinavien herandrängten, lagerten hier ihre Fracht ab. Kilometerdick war die Eisschicht, die sich über ein Drittel des europäischen Kontinents schob. Eine Temperaturabnahme von durchschnittlich 3 bis 5 Grad Celsius soll hierfür nach Ansicht von Wissenschaftlern der Grund gewesen sein. So schneite es im Winter heftig, die Sommer waren nicht mehr warm genug, um die Schneedecke zu schmelzen. Mehrere hunderttausend Jahre soll das so gegangen sein, bis das ganze heutige Nordeuropa von einer dicken Eisschicht bedeckt war.

Vom skandinavischen Gebirge aus bewegte sich das Eis bergab, riß Felsen, Sand und Geröll mit und schob vor sich her, was vor dem Eisrand lag.

Vor etwa zehntausend Jahren erwärmte sich das Klima dann wieder, das Eis schmolz und zurück blieb eine paradiesische Landschaft. Da der Eisrand aber nicht festlag, sondern sich in verschiedenen Eiszeitphasen vor- und zurückbewegte, ziehen sich von Nordwesten nach Südosten

im Abstand von etwa dreißig Kilometern zwei sogenannte Endmoränengürtel durch Mecklenburg. Dazwischen breitet sich die Seenplatte aus, die mit ihren hinter Hügelkuppen immer wieder überraschend auftauchenden Wasserflächen den Reiz der Landschaft bestimmt.
Diese Seen verdanken wir den gestaltenden Kräften des Schmelzwassers, das im Sommer, wenn die Gletscheroberflächen etwas tauten, im Untergrund Kessel ausstrudelte und beim Abfließen lange Rinnen riß.
„Nehmt mi't nich oebel, ick kam ut Röbel!“ Ist es nur der Reim oder gibt es irgendeinen anderen Grund für diesen Spruch, den ich oft gehört und nie verstanden habe? Röbel an der Müritz – die Geburtsstadt meines Großvaters! In einer Bucht am südlichen Ende des Müritzsees liegt das verträumte Städtchen, das wie so viele mecklenburgische Ortschaften neben einer Slawensiedlung (Alt-Röbel) entstand. Die Kaufmannssiedlung (Neu-Röbel) mit der Nikolaikirche gedieh zu einer Ackerbürgerstadt, der später auch Alt-Röbel mit der Marienkirche einverleibt wurde. Das Stadtbild wird beherrscht von Fachwerkhäusern, die zum Teil aus dem 18., zum Teil aus dem 19. Jahrhundert stammen. Was nur mag

Aale werden unmittelbar nach dem Fang ausgenommen und küchenfertig verarbeitet, um später als Tuckeraal oder Spickaal auf dem Teller zu landen.

Nächste Doppelseite: Mecklenburger Seenplatte, wie sie sein soll: weite Himmel, sanft gekräuseltes Wasser, Bootsstege und – nicht sichtbar – erholsame Ruhe.

Sommerfrischler finden hier, was sie suchen. Bootfahren, angeln – und hin und wieder den Sprung ins kühle Naß.

meinen Großvater, den Schuster Heinrich Voß, bewogen haben, dieses hübsche verträumte Landstädtchen zu verlassen? War es wirtschaftliche Not? Trieb ihn die Abenteuerlust? Oder bewogen ihn Gründe, von denen wir nichts ahnen? Vielleicht werde ich es eines Tages noch herausfinden können.

Vorerst wenden wir uns dem Wasser zu. Die Müritz – Mecklenburgs größter See! Schon der Name sagt etwas aus über die beeindruckende Wasserfläche, denn Müritz, das kommt vom slawischen „morcze“ und heißt „kleines Meer“. Bei 120 Quadratkilometern Wasserfläche ist der Name Meer nicht ganz unberechtigt. Wer sich auf der Mitte des Sees befindet, für den verschwimmen die Ufer. Und nicht ungefährlich ist die große Wasserfläche. Plötzliche heftige Sturmböen haben schon manchen Wassersportler in Bedrängnis gebracht. Also begeben wir uns lieber wieder in Uferregionen. Schon der Dichter Theodor Fontane schwärmte von der Müritz: „Ich habe vor, die Berliner Sommerfrischler auf dieses prächtige Stückchen Erde aufmerksam zu machen. Die Müritz ist nämlich so was wie ein Meer, wie der Tanganjika-See. Die Luft ist wundervoll, je nachdem der Wind steht: feuchte Brise oder Fichtenduft.“

Er entdeckte seine Liebe zu diesem himmlischen Fleckchen Erde in Waren am Nordufer der Müritz. Sicherlich hat er auch im Hotel Stadt Hamburg, dem zu Fontanes Zeiten ersten Haus am Platze, gespeist, das Diners zu jeder Tageszeit und Engelhardt-Lübecksche Weine zu Originalpreisen anbot. Die neue Zeit richtete in dem alten Hotelbau die Kreispoliklinik ein. Nun ja, so haben eben alle etwas davon. Wenn auch am Krankenbett sicher nicht der beliebte Tuckeraal oder die für diese Region typischen Wildgerichte serviert werden.

Paradiesisch ist es draußen am Seeufer. Ein Naturparadies! Hier leben noch 120 Fischadler, 80 Schreiadlerpaare und sogar der rar gewordene Seeadler ist hier noch zu Hause. In den Schilfzonen des Ufers brüten Wasservögel: Bläß- und Teichrallen, Sumpfrohrsänger, Rohrweihe und Rohrdommeln. Vereinzelt sieht man einen der seltenen Schwarzstörche.

Das flache Ostufer der Müritz ist mit etwa 5000 Hektar seit 1949

*Und zwischen Wasser,
Wald und Wiesen
verträumte Städtchen wie
Malchow am Fleesensee.
Was Hans schon kann, soll
Hänschen heute lernen:
Vater und Sohn beim
Angeln in der Nähe von
Waren an der Müritz.*

Oben: Boots- und Ferienhäuschen findet man nicht nur bei Röbel an der Müritz, dem größten der Mecklenburger Seen.

Unten: Am Ostufer der Müritz erstreckt sich Deutschlands größtes und wahrscheinlich wertvollstes Naturschutzgebiet. Sogar die scheuen Schwarzstörche finden hier genügend Ruhe und Abgeschiedenheit zum Brüten.

Deutschlands größtes Naturschutzgebiet. Davon sind 450 Hektar so streng geschützt, daß sie nicht betreten werden dürfen. Jedes Jahr brüten hier Seeadler in zwölf Horsten. Sie ernähren sich von schwimmenden Wasservögeln, die hier in Scharen leben. Zur Herbstzeit fallen die Kraniche zu Tausenden im flachen Wasser ein.

Mecklenburg mit seinen tiefen, teils undurchdringlichen Wäldern ist von Natur aus ein wildreiches Land. So hat auch die Jagd hier eine lange Tradition. Früher wurde sie, wie könnte es anders sein, von den Besitzern der Ländereien, also von den jeweiligen Fürsten oder Gutsbesitzern ausgeübt.

Die Bauern hatten die Herzöge und ihr Gefolge zu versorgen. Die Untertanen der Grundherren hatten die Pflicht, die Hunde unentgeltlich zu füttern. Außerdem gehörten zu den Jagdfronen die Treiberdienste, die die Bauern oft tagelang von ihren Feldarbeiten abhielten.

Zu SED-Zeiten wurde die Jagd staatlich – was auch nicht ohne Auswüchse und Folgen blieb. Denn gejagt wurde durchaus nicht immer nach waidmännischen Grundsätzen. So kam es mancherorts zu übergroßen Wildbeständen, insbesondere Wildschweinrotten, die in Äcker einfielen, alles aufwühlten und Kahlfraß veranstalteten ...

Nun aber, da das Land dabei ist eine neue Identität zu finden, schaffen neue Jagdgesetze auch hier eine neue Ordnung. Was der Wildspezialität auf dem Teller allerdings völlig egal ist. Sei es nun ein leckeres Wildschweinsteak mit Preiselbeeren, ein Rehbraten Försterin Art mit Apfelrotkohl und Klößen oder ein kräftiges Hirschgulasch mit Pfifferlingen, Wildspezialitäten findet man in Mecklenburg landauf und landab fast auf jeder besseren Speisekarte. Oder – noch besser – Sie kochen selbst und probieren die Wildgerichte im Rezeptteil dieses Buches: Geräucherte Rehkeule, Wildente mit Backpflaumen, Hasenragout oder Hasenleberpastete.

In dem wasserreichen Gebiet zwischen Müritz und Havelquellen befindet sich auch Deutschlands größter Bestand an Fisch- und Seeadlern.

Die Städte: Rostock, Schwerin, Wismar

Straßenmusikant in der Rostocker Fußgängerzone.

Vor uns auf dem Tisch dampfen die Groggläser. Seemannsmelodien erklingen; das Schifferklavier ächzt ein wenig asthmatisch. „Grog“, sage ich altklug zu Herbert, der doch ein alteingesessener Rostocker ist und es sicher selber weiß, „das ist ein altes Seemannsgetränk, das an allen nordischen Küsten zu Hause ist.“ – „Hmm, der britische Admiral Vernon soll ihn erfunden haben,“ grient er. „Wir in Rostock sind auch nicht von gestern ...“
Die „Kogge“ aber, die Hafenkneipe in der wir sitzen, die ist es, und zwar im allerbesten Sinne. Ein herrlich uriges Interieur, das zum Teil aus alten Schiffsteilen gefertigt scheint, sorgt für Stimmung. Schiffsmodelle, Anker, Schiffslaternen und ein riesiges Steuerrad hängen unter der Decke. Die Tische sind mit Windrosen verziert. Wer die große Glocke ertönen läßt, muß eine Lokalrunde schmeißen. Die wird dann hinter dem schönen alten Schanktresen gezapft. Auch essen kann man hier leckere Kleinigkeiten. Aber nur, wenn man Platt versteht, denn auf der Speisekarte sind viele Speisen und Getränke auf Platt aufgeführt. Wir bestellen „Buerntüfften un Braadfisch“. Herbert nimmt „noch'n Beer“ – Rostocker natürlich. Wir bleiben beim Grog, weil draußen ein scharfer Wind vom Hafen her weht. Hier drinnen aber herrscht schon dicke Luft, so recht zum Seemannsgarn spinnen. Herbert hat uns sein Rostock gezeigt, die Innenstadt mit der „Krö“, der Einkaufsstraße unter gotischen und barocken Giebeln, die Marienkirche, die Alte Wache, das Herzögliche Palais und die Universität mit dem Blücher-Denkmal davor. Tatsächlich, dieser „Marschall Vorwärts“, wie Blücher im Volksmund genannt wurde, ist in Rostock geboren. Gemeinsam mit dem englischen Admiral Wellington, besiegte er Napoleon in der Schlacht bei Waterloo und befreite so Deutschland – und gleichzeitig Mecklenburg – von der Franzosenherrschaft.
Die Rostocker Universität, vor der das Denkmal steht, war immerhin die erste in Nordeuropa. 1419 gegründet, erwarb die „alma mater rostochiensis“ bald den Beinamen „Leuchte des Nordens“.
Die Stadt Rostock war, wie so viele mecklenburgische Städte, ehemals eine wendische Ansiedlung auf dem anderen Ufer der Warnow. Der Fluß wird hier nahe

dem Meer breiter und so heißt das slawische Wort „Roztoc" auch nichts weiter als Flußerweiterung. Vor mehr als 800 Jahren wurde Rostock zum ersten Mal urkundlich erwähnt. Die Stadtrechte erhielt die christliche Siedlung am 24. Juni 1218 von Heinrich Burwin I., einem Enkel des Obotritenfürsten Niklot.

Die Stadt hatte eine für den Seehandel günstige Lage und so kam sie schnell zur Blüte. 1259 trat Rostock der Hanse bei. Die Rostocker Schiffe mit dem Wappentier der Stadt, dem Vogel Greif, waren nicht nur in der Ostsee, sondern auch in der Nordsee, die Atlantikküste entlang und im Mittelmeer bekannt. Handelsfreiheit und ungehinderter Zugang zur Ostsee bedeuteten Macht und Reichtum für die Rostocker Kaufleute.

Doch es gab auch Notzeiten. Stadtbrände zum Beispiel verwüsteten ganze Stadtteile. Mit einem solchen Stadtbrand verknüpft sich die Geschichte vom Schwaanschen Kuchen:

In einem Bäckerhaus in der Rostocker Alt-Schmiedestraße brach vor ein paar hundert Jahren ein Feuer aus, das sich rasch bis zum alten Markt und zur Neustadt hin ausbreitete. Mehr als die Hälfte der Stadt wurde so in Schutt und Asche gelegt. Da das

Die Hafenkneipe „Kogge" bietet zu heimischen Fischgerichten ein uriges Interieur aus Schiffsmodellen, Ankern, Steuerrädern, Rettungsringen, Schiffsglocken – und wahrscheinlich auch jede Menge Seemannsgarn.

Nächste Doppelseite: In der Warnemünder Werft ist man wieder zuversichtlich, nach Rationalisierungsmaßnahmen hat sie den Schritt in die Marktwirtschaft überstanden. Das gleiche gilt für die Rostocker Werft.

Zur Zeit der Hanse war Rostock, die „Perle der Ostsee“, reich und mächtig. Auch heute noch beeindruckt die Silhouette hinter dem alten Stadthafen mit der Häuserfront und der backsteinernen Marienkirche.

Rechte Seite:
Die Zeit ist hier nicht stehengeblieben, wenn auch die astronomische Uhr in der Marienkirche seit dem 15. Jahrhundert nicht verändert wurde.

Feuer nicht zu stoppen war, brachte jeder nur noch sich und seine Habe in Sicherheit.
Der Herzog von Güstrow trat als Retter auf. Er ritt dreimal um das Feuer herum, warf hölzerne Teller ins Feuer, die mit Zauberzeichen versehen waren und jagte dann auf seinem Pferd durch die verwüstete Stadt dem Mühlendamm zu. Dort galoppierte er ins Wasser hinein und das Feuer, das ihn auf magische Weise gefolgt war, verlosch.
Die Stadt war gerettet, doch fast alle Vorräte und auch alle Backhäuser waren verbrannt. Doch die Bäcker der umliegenden Städtchen eilten zu Hilfe. Als allererste kamen die Leute aus Schwaan an. Und als Dank für diese Rettung vor der Hungersnot durften die Schwaaner Bäcker nun jedes Jahr am Gründonnerstag auf dem Markt in Rostock ihren „Schwaanschen Kuchen“ verkaufen, der gar kein Kuchen war, sondern eine Art Weißbrot. Damit aber der Handel der Schwaaner nicht überhand nehme, durften sie nur von sechs Uhr in der Frühe bis 12 Uhr mittags ihr Backwerk anbieten. Und die neidischen Rostocker Bäcker backten bald selber „Schwaanschen Kuchen“, so daß schließlich nicht mehr herauszufinden war, welcher echt

SANCT LUCAS.
ANNO 1643.

Auch die weniger repräsentativen Gebäude haben ihren Reiz, allerdings nur, wenn sie liebevoll restauriert werden wie dieses kleine Fachwerkhaus.

und welcher nachgemacht war. Heute ist dieses Backwerk in Schwaan längst in Vergessenheit geraten. Die Schwaaner Bäcker bieten ein flaches, rundes Brot an, das sie „Schwaaner" nennen, aber mit dem Kuchenbrot von damals hat es keine Ähnlichkeit.
Die Kleinstadt Schwaan liegt südlich von Rostock, an der Bahnlinie nach Schwerin. Vorbei an Bötzow, Warnow und am Nordufer des Schweriner Sees.
Schwerin, der Name der Stadt entstand aus dem slawischen „Zuarin", was Tierpark bedeutet, ebenso wie das griechische Paradeisos. Schwerin also, die paradiesische, ist die älteste Stadt Mecklenburgs. Ehemals Residenzstadt der mecklenburgischen Großherzöge und heute wieder Landeshauptstadt. Die zurückliegenden Jahrzehnte versucht man hierzulande auch durch Besinnung auf Traditionen und alte Bräuche zu bewältigen.
Da gibt es zum Beispiel den alten Brauch des Martensmannes, der nach einer Unterbrechung von 175 Jahren im Jahre 1991 wiederbelebt wurde. In der Person des Lübecker Ratsdieners Gerd Heiden überbrachte der „Lübecker Martensmann" ein Faß Wein mit Grüßen von der Lübecker Bürgerschaft und dem Senat nach Schwerin.
Dieser bedeutsame Martinsbrauch wurde über viele Jahrhunderte hinweg zwischen der Hansestadt Lübeck und der Stadt Schwerin gepflegt. In einem offenen Wagen, der über Schönberg und Rhena nach Schwerin fuhr, wurde ein 155 Liter fassendes Faß mit Rheinwein für den Schweriner Hof gebracht. Lübeck war ein hervorragender Weinhandelsplatz seit dem 13. Jahrhundert. Von hier bezogen die Mecklenburger den bei ihnen so beliebten Rotwein, der hier allgemein „Rotspohn" genannt wird.
Der Lübecker Martensmann hatte die Funktion eines Botschafters. Essen und Trinken spielten bei seinem Besuch eine große Rolle. So wurde am Martini-Abend (10. November) ihm zu Ehren ein großes Essen abgehalten. Bis zu 24 Personen nahmen an dem Diner mit drei Gängen teil. Wenn nach Suppe und Rindfleisch die Fische aufgetragen wurden, brachte man einen Toast auf den Martensmann aus.
Das Flair der Residenzstadt freilich, wen wundert's, das hat Schwerin ein wenig eingebüßt. Doch Uhles Weinstube in der

Buschstraße hat die Zeitläufte überdauert. Hier im schummrigen Gewölbe mit den buntverglasten Fenstern verkehrten früher die besseren Kreise. Am Flügel ein leibhaftiger Pianospieler. Nur der Sekt, den Uhle früher selber produzierte, kommt jetzt aus Trier. Auch die Speisekarte hat längst „Westniveau". Aber sonst ist hier alles noch beim alten. So muß sie gewesen sein, die Seele der Schönen am See.
Herber in der Ausstrahlung ist die Stadt Wismar an der Ostsee. Wahrhaft gigantische Ausmaße hat der tausend Quadratmeter große quadratische Marktplatz. Er kündet von Reichtum und Ansehen, die in den alten Hansestädten zu Hause waren. Sogar bei der Entstehung des Wismarer Hafens sollen Riesen mitbeteiligt gewesen sein, so jedenfalls erzählt es diese Legende: „As dat noch Riesen gew, wullen se bie Wismar ok giern'n Haben hebben. ‚Dat willn wi woll kriegen', seggt de een Riesenfruu un rackt de Göpps vull Jerd in de Schört – dor is de Haben von Wismar farig. As se'n bäten wiedergeiht, ritt er de Schört, do föllt wat ruut – dat is de Wischbarg. Dor geiht se wieder un verliert wedder'n Klacks – dat is hüüt de Nonnenbarg. Toletzt het se den Papenbarg bie Tuttersdörp utschürrt".

Die Landeshauptstadt Schwerin am gleichnamigen See gilt als eine der schönsten Städte Norddeutschlands. Gegenüber dem Schloß, das auf einer Insel im See liegt, befindet sich die Anlegestelle der Weißen Flotte und das Staatliche Museum.

IL RISTORANTE
Alter Schwede

Wir kneifen die Augen zusammen gegen die tiefstehende Sonne. Die blinkenden Autos verschwimmen zu bunten Marktbuden und Ständen, und plötzlich taucht die Vergangenheit auf. „Dösch! Holt Dösch!", „Hiering! Greunn Hiering!" Fischer und Aalweiber rufen ihre Waren aus. Ackerwagen mit Tüfften oder Mettwurst, Schinken und Eiern. Gemüsekarren, frisch geschlachtetes und lebendes Geflügel. Dazwischen Straßenverkäufer mit Bauchläden. Was muß das hier für ein Getriebe und Geschiebe gewesen sein.

Die Wasserkunst in der Nordwestecke des Platzes, ein zwölfeckiges Renaissance-Tempelchen, 1580 bis 1602 nach Plänen des Niederländers Philipp Brandin erbaut, regelte vom 17. bis zum 19. Jahrhundert die Wasserversorgung der Stadt. Im „Alten Schweden" gleich nebenan, lassen wir uns in der herrlich historischen Kulisse nieder. Hier, im ältesten Gebäude der Stadt, war der oberste Beamte der Schweden untergebracht, denen die Stadt von 1648 bis 1815 gehörte. Wir bestellen Pannfisch und Bier und sinnieren darüber, was denn nun typisch Meckelbörgsch sei.

Der Kopf des „Alten Schweden" in der Eingangstür zum gleichnamigen Restaurant erinnert an Wismars schwedische Zeit.

Linke Seite:
Auch Wismar war einmal eine mächtige, reiche Hansestadt. Am hektargroßen Marktplatz geht unser Streifzug zu Ende. Hier befindet sich auch das Gasthaus „Alter Schwede" mit der reich verzierten Backsteinfassade. Lassen Sie sich die folgenden Alt-Mecklenburger Gerichte schmecken. Am besten, Sie halten sich an diese Devise:
„Sup di duhn un fråt di dick –
un holl dien Mul von Politik."

Suppen und Eintöpfe

Kartoffelsuppe mit Speck und Pflaumen

200 g Backpflaumen ohne Stein
750 g Kartoffeln (mehlig kochende Sorte)
1 Stück Sellerieknolle oder 1 Petersilienwurzel
1 Möhre
1 Zwiebel
1 EL Butterschmalz
3/4 Liter heiße Fleischbrühe
frisch gemahlener weißer Pfeffer
500 g durchwachsener Speck
1 Bund Petersilie

Backpflaumen abspülen und in 1/4 Liter heißem Wasser einweichen. Kartoffeln und Sellerieknolle schälen, Möhren schaben. Alle drei Gemüse in Würfel schneiden. Die Zwiebel schälen und achteln. Butterschmalz in einem großen Topf erhitzen. Kartoffeln, Sellerie, Möhren und Zwiebel hineingeben und unter Wenden anbraten. Mit der Fleischbrühe ablöschen und mit Pfeffer würzen. Den Speck zufügen. 35 Minuten zugedeckt bei kleiner Hitze kochen lassen. Den Speck herausnehmen und würfeln. Die Suppe pürieren. Den Speck und die Pflaumen, je nach Geschmack mit einem Teil der Einweichflüssigkeit, zufügen. Noch einmal 10 Minuten kochen lassen. Feingehackte Petersilie über die Suppe geben. Dazu schmeckt als Beilage Graubrot.

Die Liebe zu den „Plummen" ist in Mecklenburg sehr groß. Überall kommen sie hinein, in süße und in salzige Gerichte. Da früher bekanntlich reichlich Fett gegessen wurde, trug die Pflaume durch ihre Säure auch zu einer besseren Bekömmlichkeit der Speisen bei. Außerdem sorgt sie für gute Verdauung.

Kliebensuppe

Für die Einlage:
100 g Mehl
2 kleine Eier
1 Prise Salz
1 Prise Zucker

Für die Suppe:
1 Liter Milch
Schale von
1/2 unbehandelten Zitrone
oder ein Stück Zimtstange
1 Prise Salz
1 Prise Zucker
Butter nach Belieben

Tip:
Die Einlage für diese Suppe wird hin und wieder auch aus Roggenmehl und ohne Ei zubereitet.

Für die Einlage: Aus 3/8 Liter Wasser, Mehl, Eiern, Salz und Zucker einen Teig rühren. Die Zutaten für die Einlage müssen gut miteinander verrührt sein, sonst kann es passieren, daß man Klumpen bekommt. Danach den Teig zugedeckt 20 Minuten ruhen lassen.
Für die Suppe: Milch, Zitronenschale oder Zimtstange, Salz und Zucker aufkochen. Sobald die Flüssigkeit kocht, den Teig durch ein Lochsieb oder über einen Schneebesen, der ständig gedreht wird, in die Suppe laufen lassen. Bei kleiner Hitze weiterkochen, bis die Klieben oben schwimmen. Dabei umrühren, damit sie nicht aneinanderkleben. Die Zitronenschale oder Zimtstange herausnehmen. Die Suppe sehr heiß servieren. Nach Geschmack noch etwas Zucker, dem man etwas Vanillezucker beimischt, darüberstreuen. Wer's ganz gut meint, läßt noch einen Klacks Butter in der Suppe schmelzen.

Diese Suppe wurde früher zum ersten Frühstück gegessen. Das war so gegen 8 Uhr morgens, nachdem schon ein gutes Stück Arbeit in Haus und Stall getan war. Besonders im Winter bedeutete sie eine warme Wohltat. Danach gab es dann Roggenbrot mit Schmalz und Rübensirup. Am Abend wurde entweder ein Rest Suppe von morgens oder eine neue Kliebensuppe auf den Tisch gestellt. Danach gab es Bratkartoffeln.

Herzschlagsuppe

Für 6–8 Personen

400 g küchenfertiges Kalbsherz
300 g küchenfertige Kalbslunge
250 g Kalbfleisch
Salz
1 Bund Suppengrün
2 Zwiebeln
500 g Kartoffeln
1 Möhre
150 g Porree
100 g Perlgraupen
2 Eigelb
weißer Pfeffer
1 Bund Petersilie

Kalbsherz und -lunge sowie das Kalbfleisch abspülen. Mit etwa 1 1/2 Liter Salzwasser aufsetzen, zum Kochen bringen und den Schaum entfernen. Suppengrün putzen und kleinschneiden, Zwiebeln schälen und halbieren, beides zum Fleisch geben. Zugedeckt bei mittlerer Hitze etwa 1 Stunde garen. Kartoffeln in der Schale in einem zweiten Topf in Salzwasser zugedeckt garen. Das dauert je nach Größe der Kartoffeln etwa 20 Minuten. Inzwischen die Möhre schaben und den Lauch putzen, die Möhre in Scheiben, den Lauch in Ringe schneiden. Möhre und Lauch zusammen mit den Perlgraupen in Salzwasser separat 10 Minuten garen. Das Fleisch aus der Brühe nehmen, das Fett und die Sehnen entfernen. Das Fleisch in etwa 2 cm große Würfel schneiden. Warm stellen. Die Brühe durchseihen, die Graupen und das Gemüse hineingeben. Noch einmal durchkochen. Die Kartoffeln schälen und würfeln. Zusammen mit dem Fleisch zu den Graupen geben. Die Eigelbe mit etwas Brühe verquirlen, in den Eintopf rühren. Nicht mehr kochen lassen. Salzen und pfeffern. Zum Servieren mit gehackter Petersilie bestreuen.

Wenn früher geschlachtet wurde, ließ man nichts umkommen. Alles mußte verwertet werden, auch die Innereien. Heute ist es mancherorts schwierig, die Fleischzutaten für diese Suppe zu besorgen. Am besten, man bestellt sie beim Schlachter ein paar Tage im voraus.

Grünkohlsuppe

500 g Schweinenacken oder -kamm (vom Schlachter 4–5 Tage vorher pökeln lassen)
1 Lorbeerblatt
600 g Grünkohl
Salz
1 Zwiebel
40 g Schweineschmalz
1 kräftige Prise geriebene Muskatnuß
1 EL Zucker
125 g Hafergrütze oder Haferflocken
2–3 Lungenwürste

Tip:
Für Lungenwürste (sie sind durch keine andere Wurst ersetzbar!) werden Lunge und etwas Schweinemett gemischt und ein- bis zweimal durch den Fleischwolf gedreht. Mit Salz, frisch gemahlenem Pfeffer und einigen Senfkörnern wird gewürzt. Das Ganze füllt man locker in vorbereitete Kranzdärme.

Schweinefleisch mit dem Lorbeerblatt in 1 1/4 Liter Wasser zum Kochen bringen. Zugedeckt bei mittlerer Hitze 90 Minuten kochen lassen. Den Grünkohl von den dicken Rippen streifen, gründlich waschen und dann in kochendem Salzwasser 5 Minuten blanchieren. Herausnehmen, in kaltem Wasser abschrecken, abtropfen lassen und fein hacken. Das Fleisch aus der Brühe nehmen, die Brühe durchseihen, das Fleisch warm stellen. Die Zwiebel schälen und würfeln. Das Schmalz in einem Topf erhitzen und die Zwiebel darin glasig dünsten, den Grünkohl zugeben und ebenfalls kurz andünsten, mit Muskat und Zucker würzen. Mit der Fleischbrühe auffüllen. Alles noch 25 Minuten kochen lassen.
10 Minuten vor Ende der Garzeit die Grütze oder die Haferflocken einstreuen und die Würste einlegen. Dann das Fleisch und die Würste in mundgerechte Stücke schneiden und in die Suppe geben, 5 Minuten ziehen lassen. Die Suppe abschmecken.
Dazu ißt man kleine, mit Zucker bestreute und in Butterschmalz goldbraun gebratene kleine Kartöffelchen.

„Der Grünkohl schmeckt erst, wenn er Frost gekriegt hat", so heißt es im Volksmund. Dafür gibt es natürlich auch eine Begründung: Er erhält sein herbsüßes Aroma erst, wenn sich im Kohl bei Frost die enthaltene Stärke in Zucker umgewandelt hat. Grünkohl war früher in vielen Haushalten ein Weihnachtsessen, dann nannte man ihn „Wiehnachtskohl".

Milchsuppen

MILCHSUPPE MIT BIRNEN
Für die Birnen:
500 g feste Kochbirnen
50 g Zucker
1 Päckchen Vanillezucker
1 Messerspitze Nelkenpulver
Für die Suppe:
1 1/4 Liter Milch
50 g Butter
1 Prise Salz
2–3 Nelken
60 g Mehl
2 Eigelb

BUTTERMILCHSUPPE
1 1/4 Liter Buttermilch
1 Prise Salz
3 EL Mehl
2 Eigelb
4 EL Puderzucker
1 Päckchen Vanillezucker
4 EL schwarze Johannisbeerkonfitüre

MILCHSUPPE MIT BIRNEN (oben)
Für die Birnen: Die Birnen schälen, achteln und das Kerngehäuse entfernen. Eventuell die Achtel noch einmal durchschneiden. Die Birnenstücke je nach Größe in 1/8 bis 1/4 Liter Wasser, Zucker, Vanillezucker und Nelkenpulver etwa 10 Minuten (je nach Festigkeit der Birnen) garen, aber nicht zu weich kochen und warm stellen.
Für die Suppe: 1 Liter Milch mit der Butter, dem Salz und den Nelken aufkochen. Mehl mit der restlichen Milch verrühren, in die kochende Milch gießen und 5 Minuten kochen lassen. Die gedünsteten Birnen mit der Kochflüssigkeit dazugeben, kurz durchziehen lassen. Die Eigelbe mit etwas Suppe in einer Tasse verquirlen und in die übrige Suppe rühren, danach nicht mehr kochen lassen! Sofort heiß servieren.
Statt der Vollmilch kann auch Buttermilch verwendet werden.

BUTTERMILCHSUPPE (unten)
1 Liter Buttermilch mit einer Prise Salz aufkochen. Mehl mit der restlichen Buttermilch verquirlen und die kochende Buttermilch damit binden. 5 Minuten unter ständigem Rühren leicht kochen lassen, dann beiseite stellen. Eigelbe, Puderzucker und Vanillezucker cremig schlagen, bis der Zucker aufgelöst ist, mit etwas Buttermilchsuppe verrühren. Dann in die übrige Suppe geben. Die Suppe nun nicht mehr kochen lassen. Die Johannisbeerkonfitüre einrühren.
Auch in diese Suppe kann man, wie bei der Milchsuppe mit Birnen, 500 g gedünstete Birnen hineingeben.

Wurzelfleisch
Rübchensuppe

WURZELFLEISCH
1 1/2 Liter Fleischbrühe
1 TL weiße Pfefferkörner
2 Lorbeerblätter
4 Wacholderbeeren
900 g magerer Schweinebauch (in fingerdicke Scheiben geschnitten)
750 g Möhren
120 g Sellerieknolle
500 g Wruken (Steckrüben)
1 Petersilienwurzel
4 mittelgroße Zwiebeln
1 Bund frischer Majoran

RÜBCHENSUPPE
1 kg Gänse- oder Entenklein (Magen, Herz, Hals und Vorderflügel)
Salz
1 Bund Suppengrün
1 kleine Zwiebel
1 Lorbeerblatt
3 weiße Pfefferkörner
4 Pimentkörner
500 g Teltower Rübchen oder Mairüben
50 g Butterschmalz
2 TL Zucker
60 g Mehl
weißer Pfeffer
30 g Kerbel

WURZELFLEISCH (oben)
Die Brühe aufkochen, Pfefferkörner, Lorbeerblätter und Wacholderbeeren zufügen. Fleischscheiben hineinlegen. Zugedeckt bei kleiner Hitze etwa 1 1/2 Stunden köcheln lassen. In der Zwischenzeit die Möhren, die Sellerieknolle, die Wruken und die Petersilienwurzel putzen und waschen. Die Möhren in Stifte, die Sellerieknolle, die Wruken und die Petersilienwurzel in Stücke schneiden. Die Zwiebeln schälen und in Ringe schneiden. Etwa 15 Minuten vor Ende der Garzeit, also nach etwa 1 1/4 Stunden, die Gemüse und die feingeschnittenen Majoranblättchen zugeben. Dann in einer flachen Schüssel anrichten.
Dazu schmecken Salzkartoffeln und Senf.
Anstatt die Kartoffeln separat zu servieren, kann man sie auch mit den anderen Zutaten garkochen. Dafür die rohen, geschälten Kartoffeln in Stücke schneiden und etwa 20 Minuten vor Ende der Garzeit zu den anderen Zutaten in den Topf geben.

RÜBCHENSUPPE (unten)
Das Gänse- oder Entenklein abspülen. In 1 1/2 Liter Salzwasser aufsetzen, aufkochen und den Schaum mit einem Schaumlöffel entfernen.
Suppengrün putzen und kleinschneiden, Zwiebel schälen und in Viertel schneiden. Suppengrün, Zwiebel, Lorbeerblatt, Pfefferkörner und Pimentkörner zum Gänse- oder Entenklein geben. Zugedeckt bei kleiner Hitze 60 Minuten köcheln lassen. Die Suppe durch ein Sieb gießen, 1 1/4 Liter Brühe abmessen und bereitstellen. Das Fleisch von den Knochen lösen. Wer die Haut mag, läßt sie am Fleisch, dann das Fleisch kleinschneiden. Die Teltower Rübchen putzen, vierteln, kleine ganz lassen. Wenn Sie Mairüben verwenden, diese würfeln. Das Butterschmalz und den Zucker in einem Topf erhitzen, bis der Zucker geschmolzen ist und eine bräunliche Farbe angenommen hat. Die Rübchen hinzufügen, mit dem Mehl bestäuben und in dem Topf schwenken. Mit der heißen Brühe ablöschen. Etwa 10 Minuten zugedeckt kochen lassen. Das Fleisch zugeben und kurz miterhitzen. Mit Salz und Pfeffer abschmecken. Mit feingehacktem Kerbel bestreuen.

Kohlrübeneintopf mit gepökelter Gänsekeule

1 Steckrübe (Kohlrübe) von etwa 600 g
2 Zwiebeln
50 g Gänseschmalz
1 kg Gänsekeulen (vom Geflügelhändler pökeln und in zwei Stücke teilen lassen)
1 EL Mehl
½ Liter Fleischbrühe
300 g Kartoffeln
Salz
frisch gemahlener weißer Pfeffer
½ Bund glatte Petersilie

Tip:
Die Steckrüben haben einen leicht erdigen, für manche vielleicht etwas strengen Geschmack. Wer ihn nicht mag, gibt einen Spritzer Essig oder Zitronensaft ins Kochwasser. Dann wird die Steckrübe etwas milder im Aroma.

Die Steckrübe schälen und in fingerdicke Streifen schneiden. 1½ Liter Wasser zum Kochen bringen, Steckrüben hineingeben und 5 bis 8 Minuten darin ziehen lassen, dann herausnehmen, gut abtropfen lassen. Die Zwiebeln schälen und halbieren. Das Gänseschmalz erhitzen und die halbierten Gänsekeulen darin rundherum anbraten. Die Zwiebeln zufügen und kurz mitbraten. Das Mehl darüberstreuen, unter Rühren anschwitzen und mit der Brühe auffüllen. Die Steckrübenstreifen zugeben und zugedeckt 25 Minuten kochen lassen. Die Kartoffeln schälen, vierteln und zugeben. Noch 20 Minuten kochen lassen. Das Gericht mit Salz und Pfeffer abschmecken und mit gehackter Petersilie bestreuen.

Steckrüben, in Mecklenburg heißen sie „Wruken", schmecken hervorragend, wenn sie mit durchwachsenem Fleisch gekocht werden. Ungerechterweise hat die Steckrübe als Gemüse wenig Beliebtheit erreicht und wurde gar als „Kriegs- und Nachkriegsgemüse" bezeichnet, vielleicht weil sie so anspruchslos ist und eigentlich überall gedeiht. Aus der mecklenburgischen Küche aber war die Steckrübe nie wegzudenken.

Weisskohl mit Hammelfleisch

500 g mageres Hammelfleisch ohne Knochen aus der Keule
Salz
3 Zwiebeln
1 Bund Suppengrün
weißer Pfeffer
1 Lorbeerblatt
1 Messerspitze gemahlener Kümmel
1 Weißkohl von 800 g
100 g durchwachsener Speck, in dünne Scheiben geschnitten
2 Möhren
1 TL Kümmelkörner
½ TL frisch gemahlener schwarzer Pfeffer
1 Bund Petersilie

Tip:
Wer den Hammelgeschmack nicht mag, nimmt für dieses Gericht Lammfleisch.

Hammelfleisch mit 1¼ Liter Salzwasser aufkochen und den Schaum mit einem Schaumlöffel entfernen. Die Zwiebeln schälen und vierteln. Das Suppengrün putzen und kleinschneiden.
1 geviertelte Zwiebel, das Suppengrün, Pfeffer, Lorbeerblatt und Kümmel zum Fleisch geben. Zugedeckt bei mittlerer Hitze 30 Minuten kochen lassen. Inzwischen den Kohl putzen, in Viertel schneiden und in reichlich kochendem Salzwasser etwa 5 Minuten blanchieren, in kaltem Wasser abschrecken und abtropfen lassen. Den Kohl in grobe Stücke, die Speckscheiben jeweils in vier Teile schneiden. Die Möhren schaben und stifteln. Das Hammelfleisch aus der Brühe nehmen, die Brühe durch ein Sieb gießen. Das Fleisch in mundgerechte Stücke schneiden. Den Boden eines Topfes mit Speckscheiben auslegen, dann abwechselnd Fleisch, Kohlstücke, die restlichen Zwiebelviertel, die Möhrenstifte und den restlichen Speck einschichten. Jede Schicht mit etwas Kümmel und Pfeffer würzen. Mit der Hammelbrühe auffüllen und zugedeckt bei mittlerer Hitze 30 Minuten garen. Mit gehackter Petersilie bestreut anrichten.

„Heute kocht meine Schwester Lisette Schöpsenfleisch (Hammelfleisch) und Weißkohl", so hieß es in einem Brief von Fritz Reuter vom 11. August 1837 aus der Festung Dömitz an seinen Vater, als er sich über ein Gespräch mitteilt, das er mit seinen Mitgefangenen darüber führte, was die Tage des mittleren August für die einzelnen Elternhäuser an wesentlichen Ereignissen mit sich brächten. Auch ein Jahr später erwähnt Fritz Reuter dieses Gericht wieder in einem Brief, diesmal an seine beiden Schwestern. Es muß schon eines der Lieblingsessen der Familie Reuter gewesen sein. Wahrscheinlich hat der Mangel an leckerem Essen die Phantasie des Häftlings so angeregt, daß er sich in Gedanken des öfteren damit beschäftigte.

Dicke Bohnen mit Schweinebacke

600 g geräucherte Schweinebacke
1 1/2 kg dicke Bohnen
1/4 Liter Fleischbrühe
6 Stiele frisches Bohnenkraut
40 g Butter
40 g Mehl
1/4 Liter Milch
Salz
weißer Pfeffer
1/2 Bund Petersilie

Tip:
Man braucht so viele dicke Bohnen, denn beim Auspahlen entsteht 30 bis 40 Prozent Abfall. Wer keine frischen dicken Bohnen bekommen kann, verwendet tiefgefrorene. Diese werden in Fleischbrühe bei starker Hitze aufgekocht und bei mäßiger Hitze etwa 15 Minuten gegart.

Die Schweinebacke in Wasser aufsetzen, so daß sie bedeckt ist und 60 Minuten zugedeckt garkochen. In der Zwischenzeit die Bohnenkerne enthülsen. Die Fleischbrühe mit 3 Stielen Bohnenkraut zum Kochen bringen. Die Bohnenkerne zufügen und zugedeckt bei kleiner Hitze etwa 25 Minuten garen. Bohnen abgießen, die Brühe auffangen. Butter erhitzen, das Mehl hineinrühren und unter weiterem Rühren goldgelb anschwitzen. Milch mit der Kochbrühe der Bohnen auffüllen. Diese Flüssigkeit in die Mehlschwitze einrühren. 5 Minuten kochen lassen, mit Salz und Pfeffer würzen. Bohnenkrautstiele entfernen. Die Bohnen mit der Sauce mischen und abschmecken. Die Schweinebacke aus der Brühe nehmen, in Scheiben schneiden. Auf einer Platte anrichten. Die Bohnen in einer Schüssel servieren und mit dem restlichen, feingeschnittenen Bohnenkraut und feingehackter Petersilie bestreut anrichten. Dazu schmecken mehlig kochende Salzkartoffeln sehr gut.

„Das Charakteristische in seiner Küche (die des Mecklenburgers) ist nicht das Leckere und Zarte, sondern das Schwere und Massenhafte...“, so schrieb der Kunsthistoriker Ludwig Fromm 1860. Die meisten Nahrungsmittel, die der Bauer, seine Familie, die Mägde und Knechte benötigten, wurden in der eigenen Wirtschaft erzeugt. Steckrüben, Wurzeln (Möhren), Kartoffeln und Schweinefleisch sind die unverzichtbaren Zutaten für die mecklenburgische Küche.

ZEITUNG

FISCH

Gespickter Hecht in Sahnesauce

1 küchenfertiger Hecht
von etwa 1½ kg
2–3 EL Zitronensaft
1 TL Salz
125 g fetter Speck
80 g Butter
2 große Kartoffeln
oder 2 große Zwiebeln
1 mittelgroße Zwiebel
1 Möhre
⅛ Liter saure Sahne
1 EL Mehl
1 Schuß Weißwein oder
Zitronensaft
Salz
weißer Pfeffer

Den Hecht gründlich abspülen. Trockentupfen, innen mit Zitronensaft beträufeln und mit Salz bestreuen. Den Speck in ½ cm breite und 10 cm lange Streifen schneiden. Damit den Hecht seitlich quer zum Rücken spicken. Eine feuerfeste Porzellanform mit kleinem Rand mit wenig Butter einfetten. Den Hecht auf zwei große, durchgeschnittene Kartoffeln oder Zwiebeln (letztere geben gleich etwas Geschmack ab) mit der offenen Bauchseite nach unten setzen. Restliche Butter erhitzen und über den Hecht gießen. Die geschälte und in Viertel geschnittene Zwiebel sowie die geputzte halbierte Möhre neben den Hecht legen. Die Form in den auf 220 °C (Gas Stufe 4/180 °C Umluft) vorgeheizten Backofen auf die untere Schiene setzen und etwa 40 Minuten braten. Zwischendurch hin und wieder mit dem Bratfond begießen. 3 Eßlöffel saure Sahne mit dem Mehl verrühren. Etwa 15 Minuten vor Ende der Bratzeit den Hecht mit dieser Mischung bestreichen und weitergaren. Den Bratfond aus der Form schöpfen, in einem Topf mit der restlichen sauren Sahne verrühren, mit Wein oder Zitronensaft, Salz und Pfeffer abschmecken. Den Hecht am Tisch zerteilen und mit der Sauce anrichten.
Als Beilage schmecken dazu Salzkartoffeln und Gurkensalat.

Hechte sind neben vielen anderen Fischen sowohl in den vielen Mecklenburger Binnenseen als auch in den Boddengewässern anzutreffen, und genauso zahlreich wie die Fanggründe für diesen Raubfisch sind auch die Zubereitungsarten. Früher war das Spicken von Fisch- und Fleischstücken Mode, heute macht man es nicht mehr so oft, stattdessen wird mit Speckscheiben belegt. Das ist auch küchentechnisch einfacher. Wir wollen jedoch das alte Rezept erhalten.

Heringssalat
Heringssauce

HERINGSSALAT
2 küchenfertige
Salzheringsfilets (je 200 g)
1 Salzgurke
100 g eingelegte rote Bete
2 große säuerliche Äpfel
250 g Pellkartoffeln
250 g Kalbsbraten (fertig gebraten am Stück)
Für die Salatsauce:
3 EL Apfelmus
1 TL mittelscharfer Senf
2 EL Zitronensaft
3 EL Essig
3 EL Öl
weißer Pfeffer
Salz
Zucker
Schnittlauch

HERINGSSAUCE
2 Salzheringsfilets
2 mittelgroße Zwiebeln
50 g Butterschmalz
2 EL Mehl
1/2 Liter Rinderbouillon
1 TL Kapern
1 Schuß Weißwein
3 Stiele Estragon
50 g sehr kleine Champignons aus der Dose
abgeriebene Schale von 1 unbehandelten Zitrone
2 EL saure Sahne
2 TL gehackte Kräuter (Dill, Schnittlauch, Petersilie, Kerbel)
Muskatnuß

HERINGSSALAT (unten)
Salzheringe abspülen und 3 Stunden wässern. Dann die Salzheringsfilets, die Salzgurke, die rote Bete, die Äpfel, die Pellkartoffeln und den Kalbsbraten würfeln.
Für die Sauce: Apfelmus, Senf, Zitronensaft, Essig und Öl verrühren. Mit Pfeffer, Salz und Zucker abschmecken. Zuerst die Salzheringswürfel in die Sauce geben, dann die anderen Zutaten unterheben. Abschmecken und noch 30 Minuten ziehen lassen. Eventuell noch einmal gut abschmecken. Mit feingehacktem Schnittlauch bestreuen und mit Schwarzbrot und Butter servieren.

Als Glücksbringer kann Fisch schon auf eine ziemlich lange Dienstzeit zurückblicken. Deshalb hat er auch als Silvestergericht – dazu gehört auch der etwas arbeitsintensive „Hieringssalat" – eine Sonderstellung eingenommen.
Fischessen soll Glück bringen, und das verrät auch diese mecklenburgische Volksweisheit: „Olljohrsabend" (Silvester) möt man Schuppenfisch äten un den Schuppen in't Portemonnaie stäken, dann ward dat nich leddig."

HERINGSSAUCE (oben)
Die Heringsfilets 1 Stunde wässern, dabei das Wasser mindestens einmal erneuern. Abtropfen lassen und fein hacken. Zwiebeln schälen und ebenfalls fein hacken. Butterschmalz in einem Topf erhitzen, die Zwiebelwürfel darin glasig werden lassen. Das Mehl einstreuen, alles unter Rühren hellgelb anrösten. Mit der Rinderbouillon aufgießen und aufkochen. Die Kapern ebenfalls fein hacken. Heringe, Kapern, Weißwein, Estragon, Champignons, Zitronenschale, saure Sahne und Kräuter unterrühren. Mit Muskatnuß abschmecken. Dazu schmecken kleine neue Pellkartoffeln.
Wer möchte, kann die Heringssauce auch noch vor dem Servieren fein pürieren.

In einem Kochbuch von 1827 überrascht die Erwähnung von Champignons für die Küche des mittleren Bürgertums. Die in Mecklenburg reichlich kolportierte Wendung „Poggenstäuhl eten wi nich" (Froschstühle, also Pilze, essen wir nicht) traf offensichtlich nur fürs einfache Volk zu. Die besseren Herrschaften aßen „Poggenstäuhl" sehr wohl.

Heringsklopse
Heringe mit Sahnestipp

HERINGSKLOPSE
4 fette Salzheringsfilets (Milcher)
Mineralwasser
1 Zwiebel
1 altbackenes Brötchen
375 g Hackfleisch (halb Rind, halb Schwein)
1 Ei
Salz
weißer Pfeffer
Für die Sauce:
40 g Butter
40 g Mehl
1 EL Kapern
1 Eigelb
1 EL saure Sahne
Salz
weißer Pfeffer

Tip:
Wer möchte, kann die Klopse anstatt separat zu kochen auch in der Sauce garziehen lassen.

HERINGE MIT SAHNESTIPP
4 Salzheringe (Milcher) von je 200 g
1/4 Liter süße Sahne
150 g Crème fraîche
2–3 EL Öl
2 EL Essig
1–2 kleine saure Gurken
Zum Garnieren:
1 Bund Dill

HERINGSKLOPSE (unten)
Heringsfilets in Mineralwasser 3 bis 4 Stunden wässern. Dann abtropfen lassen, fein hacken oder im Mixer pürieren. Zwiebel schälen und fein würfeln. Brötchen in 1/4 Liter Wasser einweichen. Zwiebel und gut ausgedrücktes Brötchen mit dem Hackfleisch und dem Ei verkneten. Mit Salz und Pfeffer abschmecken. Feingehackten Hering in die Hackfleischmischung kneten. Mit angefeuchteten Händen 8 bis 10 Klopse daraus formen. 2 Liter Wasser in einem großen Topf aufkochen, die Klopse darin etwa 10 Minuten garziehen lassen. Klopse herausnehmen und in einer Schüssel warm stellen.
Für die Sauce: Von der Kochbrühe der Klopse 1/2 Liter abmessen. Butter in einem Topf erhitzen, das Mehl einrühren, mit der heißen Brühe aufgießen. 5 Minuten kochen lassen. Die abgetropften Kapern einrühren. Etwas Sauce mit dem Eigelb und der sauren Sahne verrühren und in die Sauce geben. Mit Salz und Pfeffer abschmecken. Die Klopse in die Sauce geben.
Dazu schmecken Salzkartoffeln und ein grüner Salat.

HERINGE MIT SAHNESTIPP (oben)
Die Salzheringe abspülen und trockentupfen. Kopf und Schwanzflosse abschneiden und längs an den Gräten entlang ganz durchschneiden. Dann das Filet zum Kopf hin behutsam von der Mittelgräte abziehen, so daß auch die Quergräten am oberen Ende in einem Arbeitsgang aus dem Fischfleisch herausgelöst werden. Danach die Mittelgräte ebenso behutsam vom unteren Filet von der Schwanzflosse zum Kopfende hin abziehen. Die Eingeweide entfernen, die Milch putzen. Die Filets auf die Fleischseite drehen, die Haut am Schwanzende mit einem spitzen Messer lösen und zum Kopfende hin abziehen.
Die vorbereiteten Filets und die Milch 60 Minuten wässern. Dann abtropfen lassen und trockentupfen, in eine flache Schüssel legen. Die Heringsmilch fein hacken und mit der Sahne, der Crème fraîche, Öl und Essig verrühren und durch ein Sieb streichen. Die Gurke in dünne Scheibchen schneiden. Einen Teil über die Fischfilets geben, darüber die Sahnesauce gießen und die restlichen Gurken darauf verteilen. Mit feingehacktem Dill anrichten. Dazu gibt es Schwarzbrot.

Gebratene Salzheringe mit Schmorkohl

Für die Salzheringe:
8 küchenfertige kleine Salzheringe (800 g)
1/2 Liter Milch zum Einlegen
2 Eigelb
4 EL Mehl
1/8 Liter Weißwein
Butterschmalz zum Braten

Für den Schmorkohl:
1 kg Weißkohl
1 1/2 EL Schweineschmalz
3–4 Äpfel
Salz
weißer Pfeffer
1 TL Speisestärke
1 Bund Petersilie

Tip:
Aus diesem Schmorkohl läßt sich auch ein Sauerkohl machen. Dann das Ganze mit 2 Eßlöffel Essig und 2 bis 3 Eßlöffel Sirup oder Zucker abschmecken.

Für die Salzheringe: Die Flossen abschneiden, Kopf und Gräten entfernen, dabei die Heringsfilets voneinander trennen, waschen und trockentupfen. Heringsfilets über Nacht in Milch einlegen. Dann aus der Milch nehmen, abtropfen lassen und trockentupfen.
Eigelbe, 1 Eßlöffel Mehl und den Wein verrühren. Heringshälften zuerst in dieser Mischung, dann in dem restlichen Mehl wenden. Butterschmalz in einer Pfanne erhitzen und die Heringe darin von beiden Seiten goldgelb braten. Mit dem durchgesiebten Bratfett und dem Schmorkohl anrichten.
Für den Schmorkohl: Den Kohlkopf in Achtel schneiden, den Strunk entfernen. Den Kohl waschen, in feine Streifen hobeln oder fein schneiden. In heißem Schmalz portionsweise andünsten. Die Äpfel schälen und kleinschneiden, zufügen und alles wenden. Mit 1/8 Liter Wasser auffüllen. Salz und Pfeffer zugeben. Zugedeckt 20 Minuten schmoren lassen. Speisestärke mit 1 Eßlöffel Wasser verrühren und in den Kohl rühren, damit die Flüssigkeit binden. Kurz durchkochen lassen. Eventuell noch einmal abschmecken. Vor dem Servieren mit feingehackter Petersilie bestreuen.
Als Beilage schmecken dazu mehlig kochende Salzkartoffeln.

Der Lieblingsfisch der Deutschen tummelt sich in kilometerlangen Schwärmen im Nordatlantik, einschließlich Nord- und Ostsee, sowie im Nordpazifik. Fangfrisch und ungesalzen nennt man ihn „grün“. Heringe haben viele dünne Gräten, die man mitessen kann. Entfernen muß man aber auf alle Fälle die Mittelgräte. Sehr delikat und kräftig im Geschmack sind die 2 bis 3jährigen, 20 bis 30 Zentimeter langen Jungheringe. Die älteren, geschlechtsreifen, sogenannten „Vollheringe“ tragen Milch und Rogen, die man auch mitessen kann.

Tuckeraal Spickaal

TUCKERAAL
800–1000 g
küchenfertige frische Aale
Saft von 1/2 Zitrone
Salz
200 g Porree
100 g Möhren
80 g Petersilienwurzel
250 g Kartoffeln
120 g Zwiebeln
40 g Butter
1 EL Mehl
1/4 Liter Fleischbrühe
1 Lorbeerblatt
1 Schuß Weißwein
3 EL gehackte Petersilie

SPICKAAL
1–2 geräucherte, nicht zu dicke Aale (etwa 750 g)
3 EL Mehl
1 Ei
3 EL Semmelbrösel
Butterschmalz zum Braten
1 Zitrone

Tip:
Dünnere Aale schmecken besser als dicke.

TUCKERAAL (unten)
Die Aale abspülen, mit Zitronensaft säuern, salzen und in fingerlange Stücke schneiden. Porree, Möhren, Petersilienwurzel und Kartoffeln putzen und waschen. Porree längs halbieren, in Streifen schneiden, Möhren, Petersilienwurzel, Kartoffeln und Zwiebeln schälen und in Scheiben schneiden. Butter in einem Topf erhitzen, Mehl einrühren, mit der Brühe ablöschen. Porree, Möhren, Petersilienwurzel, Kartoffeln und Zwiebeln dazugeben und zugedeckt bei kleiner Hitze in 10 Minuten halbgar dünsten. Die Aalstücke, Salz und das Lorbeerblatt zugeben und alles zusammen zugedeckt etwa 15 Minuten kochen. Das Lorbeerblatt herausnehmen, die Sauce mit Weißwein abschmecken. Den Tuckeraal mit Petersilie bestreut anrichten. Salzkartoffeln schmecken dazu wunderbar.

Die Müritz, so nennen die Mecklenburger liebevoll den 120 Quadratkilometer großen Müritzsee, in dem es einmal 30 verschiedene Fischsorten gab, ist Deutschlands zweitgrößter Binnensee. Die Aale aus der Müritz werden gern zu Tuckeraal verarbeitet.

SPICKAAL (oben)
Die Aale häuten, seitlich aufschlitzen, die Filets von der Gräte heben. In etwa 10 bis 15 cm lange Stücke teilen. Erst in Mehl, dann in verquirltem Ei und zum Schluß in Semmelbröseln wenden. In einer Pfanne das Butterschmalz erhitzen und die Aalstücke darin goldgelb braten. Auf eine vorgewärmte Platte legen, mit Zitronenschnitzen anrichten. Als Beilage schmecken dazu in Butter und Dill geschwenkte Salzkartoffeln.

Der Spickaal hat seinen Namen daher, weil er zum Räuchern auf einen S-förmigen Haken aufgespickt wird. Wenn es in Mecklenburg hieß: „Runner von'n Disch, Mudder kaakt Fisch", dann konnte man eines durchaus gewöhnlichen Wochentags gewiß sein. Fisch – so verändert sich mit den Zeiten die Ernährungssituation – war einst ein häufiges und billiges Nahrungsmittel. Und das war auch der Grund, warum sich Fisch als Festessen nur schwer durchsetzen konnte. Nun ist Spickaal gebraten nicht gerade ein richtig großes Festessen, den geräucherten Aal findet man aber eigentlich recht häufig auf kleinen und großen Buffets.

Barsche in Weingelee mit Kartoffelsalat

Für die Barsche in Weingelee:
1 ½ kg küchenfertige Barsche
Saft von 1 Zitrone
Salz
Essig
1 Zwiebel
1 Lorbeerblatt
4 weiße Pfefferkörner
1 Gewürznelke
2 Zitronenscheiben
je 1 Zweig frisches Basilikum und Thymian
1 Päckchen weiße Gelatine
¼ Liter Weißwein
etwas Zitronensaft
weißer Pfeffer

Zum Garnieren:
2 hartgekochte Eier
1 Gewürzgurke
½ Bund krause Petersilie

Für den Kartoffelsalat:
750 g Salatkartoffeln
1 Zwiebel
⅛ Liter Fleischbrühe
1–2 EL Essig
etwas Zucker
Salz
3 EL Öl
Schnittlauch

Tip:
Sehr häufig wird der kalte „Tüfftensalat" auch warm als Beilage angeboten.

Für die Barsche in Weingelee: Die Barsche gründlich abspülen. Mit Zitronensaft beträufeln und salzen. 1 Liter Wasser mit Essig und Salz kräftig abschmecken. Zwiebel schälen und vierteln, mit dem Lorbeerblatt, den Pfefferkörnern, der Nelke, den Zitronenscheiben sowie dem Basilikum und dem Thymian zum Wasser geben. Den Sud im geschlossenen Topf 15 Minuten kochen lassen, dann durch ein Sieb gießen. Die Fische in den Sud geben, bei schwacher Hitze zugedeckt 10 bis 15 Minuten ziehen lassen, die Temperatur sollte gerade unter dem Siedepunkt sein. Im Sud abkühlen lassen. Die Fische vorsichtig herausnehmen. Kopf, das Fischfleisch, Flossen und Gräten entfernen und in große Stücke zerteilen. In eine flache Porzellanform mit Rand setzen. Gelatinepulver in 6 Eßlöffel Wasser etwa 10 Minuten quellen lassen.
¼ Liter heißen Fischsud mit dem Weißwein erwärmen, das Gelatinepulver einrühren und darin auflösen. Mit Zitronensaft, Salz und Pfeffer abschmecken. Über die Fische gießen, erstarren lassen. Mit Eischeiben, aufgeschnittener Gewürzgurke und Petersilie garnieren. Sehr gut schmeckt dazu Remouladensauce.

Für den Kartoffelsalat: Die Kartoffeln in der Schale garkochen, dann schälen und in Scheiben schneiden. Zwiebel schälen und fein hacken. Brühe, Zwiebel, Essig, Zucker und Salz leicht erwärmen, mit Öl verrühren und über die noch warmen Kartoffelscheiben gießen. Vorsichtig mischen und süß-sauer abschmecken. Etwa 1 Stunde durchziehen lassen. Vor dem Servieren nochmals abschmecken. Die Schnittlauchröllchen unterheben.

Der Barsch ist ein Edelfisch, der sich in breiten Flüssen mit langsamer Strömung oder in Seen mit festem Boden am wohlsten fühlt. Deshalb ist er auch in den mecklenburgischen Seen zu Hause. Man erkennt ihn daran, daß jeweils die erste der beiden Rückenflossen mit einem harten Strahlenstachel besetzt ist. Die Farbe des Rückens wechselt von dunkelgrau bis olivgrün, mit fünf bis neun dunklen Querstreifen. Der Bauch ist hell. Sein Fleisch ist sehr zart und fettarm, jedoch recht grätenreich. Barsche sollten am besten gleich nach dem Fang geschuppt werden. Man kann sie ähnlich wie Forellen zubereiten.

Gekochte Schleie mit Meerrettichbutter

4 küchenfertige Schleie
von je 300 g
Salz
weißer Pfeffer
1/8 Liter Essig
1 Zwiebel
5 schwarze Pfefferkörner

Für die Meerrettichbutter:
150 g weiche Butter
3–4 EL geriebener Meerrettich
etwas Zitronensaft
2–3 Stiele glatte Petersilie

Tip:
Wenn Sie Schleie nicht blau kochen wollen wie hier im Rezept, dann müssen die Fische geschuppt werden. Wie beim Karpfen eignen sich für Schleie auch Garmethoden wie Dünsten und Schmoren.

Die Schleie innen salzen und pfeffern und mit 3 Eßlöffel Essig begießen. 5 Minuten ruhen lassen. Die Zwiebel schälen und vierteln. 1 1/2 Liter Wasser, den restlichen Essig, Salz, die Zwiebel und die Pfefferkörner in einem großen Topf aufkochen. Die Fische hineingeben und zugedeckt 10 bis 12 Minuten (größere Fische 12 bis 15 Minuten) ziehen lassen.
Für die Meerrettichbutter: Die weiche Butter mit dem Meerrettich verrühren, mit Zitronensaft abschmecken. Mit feingehackter Petersilie garnieren. Zusammen mit den Schleien servieren.
Als Beilage passen dazu Salzkartoffeln, die man in gehackter Petersilie schwenkt.

Schleie – im Rohzustand noch olivgrün oder braun – sind mit dem Karpfen verwandt, haben einen kräftigen Körper, der mit kleinen tiefsitzenden Schuppen bedeckt und von einer Schleimschicht umgeben ist. Schleie leben meist da, wo auch Karpfen leben.

Geräucherte Flundern mit Kraut

750 g Weißkraut
125 g durchwachsener Speck
120 g Zwiebeln
½ Liter Fleischbrühe
1 TL Kümmel
1 TL Speisestärke
Salz
weißer Pfeffer
Butter für die Form
4 geräucherte Flundern

Tip:
Die flachen Flundern gehen den Fischern außer im Mittelmeer, an den west- und nordeuropäischen Küsten ins Netz. Sie sind fettarm und besonders eiweißreich.

Weißkohl vierteln, den Strunk herauschneiden, die Viertel grob zerkleinern. Speck fein würfeln und in einem Topf ausbraten. Die Zwiebeln schälen, ebenfalls fein würfeln. In das Speckfett geben und glasig werden lassen. Kraut portionsweise zufügen, kurz andünsten und mit der Brühe aufgießen. Kümmel darüberstreuen. Zugedeckt bei mittlerer Hitze 20 Minuten schmoren lassen. Speisestärke mit wenig kaltem Wasser verrühren und die Kohlflüssigkeit damit binden. Mit Salz und Pfeffer würzen. Kohl in einer mit wenig Butter ausgestrichenen feuerfesten Auflaufform verteilen, die Flundern darauflegen. Form mit einem Deckel verschließen oder mit Alufolie abdecken. Im vorgeheizten Backofen bei 200 °C (Gas Stufe 3/170 °C Umluft) etwa 12 bis 15 Minuten garen. Als Beilage gibt es dazu Salzkartoffeln und grünen Salat.

Heringe lassen sich sehr vielseitig zubereiten. Dieses „Heringswohlwollen“ stößt natürlich in „Fisch-Kreisen“ auf Neid und Mißgunst. Fritz Reuter erzählt davon in seinem Flundermärchen „Läuschen un Rimels“: „Als bei einem Wettschwimmen der Fische ausgerechnet der Hering leichtflossig davonschwamm, rief die Flunder verbittert: ‚Ist der Hering auch ein Fisch?‘“ Da diese Frage eine vorsätzliche Beleidigung war, blieb der Flunder das Maul schief stehen. Diesen hämischen Gesichtsausdruck hat sie bis heute.

Spirituose
0,7 l
NEUBRANDENBURG

Pflückhecht

1 küchenfertiger Hecht
(etwa 1 bis 1,2 kg)
Saft von $1/2$ Zitrone
Salz
1 Bund Suppengrün
3 EL Essig
1 Lorbeerblatt
4 Pimentkörner

Für die Sauce:
60 g Butter
50 g Mehl
$1/8$ Liter saure Sahne
Saft von $1/2$ Zitrone
Salz
weißer Pfeffer
1 Prise Zucker
geriebene Muskatnuß

Außerdem:
1 unbehandelte Zitrone
1 EL Kapern
1 EL gehackte Petersilie

Tip:
Für dieses Gericht braucht man einen länglichen Fischtopf, damit der Hecht auch Platz hat. Ansonsten muß der Fisch halbiert werden.

Den Fisch säubern, mit Zitronensaft säuern und salzen. Suppengrün waschen, putzen und kleinschneiden. $1\,1/2$ Liter Salzwasser mit dem Essig, dem Lorbeerblatt und den Pimentkörnern 10 Minuten kochen lassen. Den Fisch hineinsetzen und zugedeckt bei kleiner Hitze etwa 20 Minuten garen. Den Hecht herausheben und das Fleisch in fingerlangen Stücken von der Gräte lösen (pflücken). Die Hechtstücke in der Brühe warm stellen.
Für die Sauce: In einem zweiten Topf die Butter zerlassen, das Mehl einrühren und unter Rühren hellgelb werden lassen. Mit $1/2$ Liter durchgeseihtem Fischsud aufgießen. 5 Minuten kochen lassen. Die saure Sahne einrühren, dann nicht mehr kochen lassen. Mit dem Zitronensaft, Salz, Pfeffer, Zucker und Muskatnuß abschmecken.
Die Zitrone schälen, halbieren und eine Hälfte davon in dünne Schnitze schneiden, die nochmal halbiert werden. Zusammen mit den Kapern und der gehackten Petersilie unter die Sauce rühren.
Zum Servieren die abgetropften Hechtstücke mit einem Schaumlöffel aus der Brühe nehmen und in die Sauce geben. Vorsichtig unterheben, damit die Fischstücke nicht zerfallen. Mit der restlichen Zitrone garnieren.
Mit Dill bestreute Salzkartoffeln und grüner Salat schmecken hervorragend dazu.

Die Machart dieses Rezeptes erklärt den Rezeptnamen: gegarte, großzügig von der Gräte gelöste, also abgepflückte Fischstücke kommen in die Sauce.

Pannfisch

750 g Kartoffeln
(mehlig kochende Sorte)
Salz

Für das Fleisch:
1 großes Bund Suppengrün
2 Zwiebeln
500 g gepökeltes
Rindfleisch (Brust)
3 Pimentkörner
1 Lorbeerblatt

Für den Fisch:
2 Zwiebeln
1 Bund Suppengrün
Salz
1 Lorbeerblatt
3–4 Pimentkörner
2 EL Essig
600 g Fischfilet (Kabeljau,
Schellfisch usw.)

Außerdem:
50 g Butter
Salz
weißer Pfeffer

Für die Garnierung:
4 kleine Salatblätter
2 Salzgurken
Petersilie

Tip:
Sollten Sie die Rinderbrust nicht fertig gepökelt bei Ihrem Schlachter erhalten, bitten Sie ihn 2 bis 3 Tage vorher, ein schönes Stück für Sie einzulegen.

Kartoffeln schälen, waschen, in Stücke schneiden. In Salzwasser aufsetzen und in etwa 15 Minuten weich kochen.
Für das Fleisch: Das Suppengrün putzen, waschen und in grobe Stücke schneiden. Die Zwiebeln schälen und achteln. 1 1/2 Liter Salzwasser aufkochen, Fleisch, zerkleinertes Suppengrün, die Zwiebeln, die Pimentkörner und das Lorbeerblatt zufügen. Das Ganze etwa 90 Minuten zugedeckt garen.
Für den Fisch: Zwiebeln schälen und halbieren. Suppengrün putzen und waschen. 1/2 Liter Salzwasser mit den Zwiebeln, dem Suppengrün, dem Lorbeerblatt, den Pimentkörnern, und dem Essig zum Kochen bringen. Den Fisch darin bei kleiner Hitze 10 bis 15 Minuten ziehen und im Sud erkalten lassen. Dann den Fisch herausnehmen, in Stücke pflücken, dabei auch die kleinen Gräten entfernen.
Die Kartoffeln abgießen, trockendämpfen und sofort mit etwas Fischsud zu Stampfkartoffeln zerdrücken. Den zerpflückten Fisch und die Butter unterrühren. Mit Salz und Pfeffer abschmecken.
Das Fleisch aus der Brühe nehmen und in Scheiben schneiden. Das Pannfischpüree auf Tellern anrichten, die Fleischscheiben an den Rand legen. Mit den Salatblättern, den Gurkenscheiben und der Petersilie garnieren.
Wer möchte, kann für die Vorratshaltung die Brühe durch ein Sieb gießen, abkühlen lassen und portionsweise in Behältern einfrieren.

In Mecklenburg war Fisch an der Küste das Hauptnahrungsmittel. Und da man nie etwas verkommen ließ, wurde dann ein Rest mit einem anderen Produkt „aufgefrischt". Das war auch ein willkommenes Rezept kurz vor Ultimo. Es stellt keine hohen Ansprüche an den Geldbeutel, aber es schmeckt wundervoll.

Fleisch, Wild und Geflügel

Rippenbraten mit Kartoffelkloss

Für die Füllung:
3 saure Äpfel
250 g Backpflaumen ohne Stein
1–2 EL Zucker
abgeriebene Schale und Saft von 1 unbehandelten Zitrone
100 g Semmelbrösel

Für den Braten:
2,5 kg leicht gepökelte Schmorrippe
(vom Fleischer so weit ansägen lassen, daß das Fleischstück zusammengeklappt werden kann)
Salz
weißer Pfeffer
Butterschmalz zum Braten
etwa ½ Liter Wasser oder Brühe
1 EL Mehl oder Speisestärke
3 EL süße Sahne

Für den Kloß:
2 altbackene Brötchen
¼ Liter Wasser oder Milch
500 g gekochte Kartoffeln
200 g Butter
6 Eigelb
Salz
Muskatnuß
Mehl zum Bestäuben

Für die Füllung: Äpfel schälen, achteln, Kerngehäuse entfernen. Pflaumen 20 Minuten in Wasser einweichen und gut ausdrücken. Mit den Äpfeln, dem Zucker, dem Zitronensaft und der -schale sowie den Semmelbröseln mischen.
Für den Braten: Die Schmorrippe innen mit wenig Salz und Pfeffer bestreuen. Die Apfelfüllung auf das untere Rippenstück legen, die zweite Hälfte darüberklappen. Mit Küchengarn zusammennähen. Trockentupfen und in heißem Butterschmalz in einem Bräter auf allen Seiten anbraten. Das Wasser oder die Brühe darübergießen und zugedeckt im vorgeheizten Backofen bei 220 °C (Gas Stufe 4/180 °C Umluft) zugedeckt 90 Minuten schmoren lassen. Dann noch 30 Minuten ohne Deckel braten. Das Fleisch herausnehmen, warm stellen. Den Bratensatz lösen. Mehl oder Speisestärke mit der Sahne verrühren, in den Bratenfond geben und unter Rühren binden.
Fleisch in Scheiben schneiden, die Sauce separat dazureichen. Als Beilage schmecken Salzkartoffeln und grüner Salat, der mit einer Essig-Öl-Marinade angemacht und dann mit Zucker bestreut wurde.

Für den Kloß: Die Brötchen in Wasser oder Milch einweichen. Kartoffeln schälen und reiben. 100 g Butter, die Kartoffeln und die Eigelbe gut verrühren. Die gut ausgedrückten Brötchen unterkneten. Mit Salz und Muskat würzen. Eine große Serviette mit etwa 2 Eßlöffel Butter bestreichen und mit Mehl bestäuben. Die Kloßmasse einfüllen. Einen großen Topf mit Salzwasser zum Kochen bringen, die Serviette in das siedende Wasser hängen, daß sie nirgends am Topf anstößt. Das geht am besten, wenn man sie an einem Rührlöffel, der quer über dem Topf liegt, festbindet. Etwa 20 Minuten garen. Dann aus der Serviette nehmen und in einer Schüssel anrichten. Die restliche Butter in einer Pfanne leicht bräunen und über den Kloß gießen. Vor dem Servieren in tortenähnliche Stücke schneiden.

Hammelfleisch mit Kümmelsauce

Für das Fleisch:
800 g Hammelfleisch (Schulter, Brust, Kamm)
Salz
300 g Sellerieknolle
1 Stange Porree
130 g Möhren
3 mittelgroße Zwiebeln
1 Knoblauchzehe
1 Lorbeerblatt
6 weiße Pfefferkörner
3 Pimentkörner
1 EL gehackter Kümmel
50 g Butter
40 g Mehl
1/8 Liter süße Sahne

Für die Stampfkartoffeln:
1 kg mehlig kochende Kartoffeln
Salz
50 g Butter
120 g Zwiebeln
150 g durchwachsener Räucherspeck
1 gehäufter EL Mehl
etwa 1/2 Liter Buttermilch
Salz
weißer Pfeffer
Muskatnuß

Für das Fleisch: Das Fleisch in so viel Salzwasser geben, daß es bedeckt ist. Zum Kochen bringen und abschäumen. Die Sellerieknolle schälen und in Streifen oder Würfel schneiden, Porree waschen und in Streifen schneiden. Die Möhren schaben und in Scheiben schneiden. Zwiebeln schälen und vierteln, die geschälte Knoblauchzehe zerdrücken. Das kleingeschnittene Gemüse, den Knoblauch und die Zwiebeln mit dem Lorbeerblatt, den Pfefferkörnern, den Pimentkörnern und dem Kümmel zum Fleisch geben. Zugedeckt bei mittlerer Hitze 1 1/2 bis 2 Stunden garen lassen. Dann 3/8 Liter Brühe abnehmen, durch ein Sieb gießen und beiseite stellen. Das Fleisch aus der Brühe nehmen und warm stellen. Butter in einem Topf erhitzen, das Mehl einrühren und mit der heißen Brühe aufgießen. Unter Rühren 5 Minuten kochen lassen. Sahne einrühren. Zum Servieren das Fleisch in Scheiben schneiden. Mit etwas Kümmelsauce begießen. Restliche Sauce separat reichen. Dazu gibt es Stampfkartoffeln mit Buttermilch.
Für die Stampfkartoffeln: Die Kartoffeln schälen, vierteln, in Salzwasser in etwa 20 Minuten garkochen, abgießen, kurz trockendämpfen und ohne Flüssigkeitszugabe zerstampfen. Die Butter unterrühren und Kartoffeln warm stellen. Zwiebeln schälen und würfeln, Speck ebenfalls würfeln und in einer Pfanne auslassen. Die Zwiebeln darin goldgelb braten, das Mehl einrühren. Mit Buttermilch aufgießen und aufkochen lassen. Buttermilchmischung unter die Kartoffeln rühren. Mit Salz, Pfeffer und Muskatnuß abschmecken. Zusammen mit dem Fleisch und der Sauce anrichten und servieren.

Wenn die Stampfkartoffeln als Hauptgericht serviert wurden, gab man die Kartoffeln auf einen Teller und goß sich die Buttermilch selbst darüber. In manchen Haushalten wurde aber auch die Buttermilch mit den Kartoffeln verrührt. In diesem Falle wurden sie mit ausgelassenem Speck und darin gebräunten Zwiebeln gekrönt.
Fritz Reuter hat dieses Gericht in seinen volkstümlichen Versen erwähnt. Und da heißt es dann zum Schluß: „Fretts di daran nich krank.“

Schwarzsauer vom Gänseklein

300 g getrocknete Birnen
2 kg Gänseklein
Salz
1 Bund Suppengrün
1 Zwiebel
einige Blättchen frischer Majoran
3 Nelken
1 Lorbeerblatt
6 schwarze Pfefferkörner
4 EL Zucker
1/4 Liter Gänseblut
1 gestrichener EL Mehl
2 EL Essig

Für die Klöße:
125 g Mehl
1 Ei
30 g Butter
2 EL Milch
Salz

Tip:
Sollten Sie kein Blut zur Verfügung haben, können Sie eine dunkle Grundsauce bereiten und sie mit 1 Eßlöffel Apfelkraut oder Rotwein, Essig und Zucker würzen.

Die Birnen mit 1/2 Liter Wasser bedeckt einweichen. Das Gänseklein putzen und waschen. In einem Topf mit Salzwasser bedecken und zum Kochen bringen. Das Suppengrün putzen und kleinschneiden. Die Zwiebel schälen und vierteln. Wenn das Gänseklein kocht, den Schaum entfernen. Suppengrün und Zwiebel sowie Majoran, Nelken, Lorbeerblatt und Pfefferkörner zufügen. 60 Minuten bei kleiner Hitze garen.
Die Birnen mit dem Einweichwasser und 3 Eßlöffel Zucker 15 Minuten garkochen. Das Gänseklein aus der Brühe nehmen, das Fleisch und die Haut von den Knochen lösen, kleinschneiden und warm stellen. Die Brühe durch ein Sieb gießen. Die Birnen abgießen und mit dem Fleisch mischen.
Das Gänseblut aufkochen. Das Mehl in 3 Eßlöffel Wasser verrühren, das Gänseblut damit binden und 5 Minuten kochen lassen. Dann mit dem Fleisch in die Brühe geben. Mit Essig und 1 Eßlöffel Zucker süß-sauer abschmecken.
Für die Klöße: Mehl, Ei, Butter, Milch und 1 Prise Salz verrühren. Mit zwei Teelöffeln kleine Nocken abstechen. In siedendes Salzwasser geben und 3 Minuten ziehen lassen. Herausheben und mit dem Gänseschwarzsauer anrichten.

Während das „Swartsuer“ von der Gans, oder hier vom Gänseklein, in Gänsezuchtgegenden als Genuß gilt, erzeugt es bei Fremden wegen des Blutes erst einmal eine gewisse Skepsis.

Rindfleisch mit Pflaumen

250 g Backpflaumen
ohne Stein
3 Zwiebeln
1 Stange Porree
3 Möhren
130 g Sellerieknolle
Salz
3 Pimentkörner
1 Lorbeerblatt
1 kg durchwachsenes
Rindfleisch ohne Knochen
2 EL Zucker
30 g Butter
30 g Mehl
Salz
frisch gemahlener
weißer Pfeffer

Tip:
Für diesen leckeren Braten eignet sich die Schwanzrolle oder das Bürgermeisterstück, das manchmal auch Pastorenstück genannt wird. Es liegt oberhalb der Kugel. Wer mag, kann auch ein Stück Fleisch aus der Hüfte kaufen (daraus wird auch der Tafelspitz geschnitten) und sich dieses pökeln lassen. Das ist dann aber schon wieder eine Verfeinerung.

Backpflaumen in lauwarmem Wasser 20 Minuten einweichen. Zwiebeln schälen, Porree, Möhren und Sellerie putzen, waschen und kleinschneiden, dabei 2 Zwiebeln vorerst ganz lassen. 2 Liter Salzwasser in einen großen Topf geben. Pimentkörner, Lorbeerblatt, die kleingeschnittene Zwiebel und das Gemüse mit dem Fleisch in das Wasser geben und zum Kochen bringen. Aufkochen lassen, abschäumen und zugedeckt bei kleiner Hitze etwa 90 Minuten kochen lassen. Das Fleisch herausnehmen und warm stellen. Die Brühe durch ein Sieb gießen und auffangen. ½ Liter Brühe abmessen und beiseite stellen. In der restlichen Brühe die Backpflaumen mit dem Zucker erhitzen. Die restlichen Zwiebeln in Ringe schneiden. Butter in einem Topf erhitzen, die Zwiebelringe darin glasig werden lassen, mit Mehl bestäuben und unter Wenden anschwitzen. Mit dem ½ Liter von der heißen Brühe aufgießen, umrühren und aufkochen lassen. Mit Salz und Pfeffer abschmecken.
Fleisch in fingerdicke Scheiben schneiden. Die Pflaumen aus der Brühe nehmen. Alles zusammen mit der Zwiebelsauce anrichten. Als Beilagen schmecken Kartoffelbrei oder Salzkartoffeln und ein grüner Salat mit einer Essig-Öl-Marinade.

Rindfleisch mit „Plummen", eine typisch mecklenburgische Spezialität, wurde schon von Fritz Reuter besungen. Der Lehrling Jochen Brümmer beklagt sich beim Bürgermeister über das schlechte Essen bei seinem Lehrherren. Der Bürgermeister meint aber: „Ick holl min Lüd' so slicht? Antwurten's blot up dese Frag: Rindfleisch un Plummen? Is't en slicht Gericht?"
Das Gedicht endet mit des Lehrlings entwaffnender Antwort: „Rindfleisch un Plummen is en schön Gericht, doch, mine Herrn, ick krig't man nicht."

Gebackener Schinken

1,5 kg Schweineschinken ohne Schwarte, aber mit Fettschicht
Salz
frisch gemahlener weißer Pfeffer
Gewürznelken
150 g sehr trockenes dunkles Roggenbrot
2–3 EL brauner Zucker
1 Möhre
2 EL süße Sahne
1 Stück Sellerieknolle
1–2 EL Mehl

Tip:
Wer keine trockenen Brotreste hat, kann 400 g frisches Brot im Backofen bei 100 °C etwa 20 Minuten trocknen.

Die Fettschicht des Schinkens rautenförmig einschneiden, salzen und pfeffern. In die Schnittpunkte Nelken stecken. In die Fettpfanne des Backofens 1/4 Liter Wasser gießen und auf die unterste Schiene schieben. Das Fleisch auf den Bratenrost darüber legen. Im vorgeheizten Backofen bei 220 °C (Gas Stufe 4/180 °C Umluft) 70 Minuten braten. Dann die Temperatur auf 200 °C (Gas Stufe 3/170 °C Umluft) herunterschalten und weitere 40 Minuten braten. Zwischendurch mit der Flüssigkeit in der Fettpfanne begießen. Eventuell verdampftes Wasser ergänzen. Das Brot reiben und mit dem Zucker vermischen. Den Schinken damit bestreuen. Möhre und Sellerie putzen und kleinschneiden, in die Fettpfanne geben. Weitere 30 Minuten backen, bis sich auf dem Fleisch eine schöne Kruste gebildet hat. Den Schinken herausnehmen, warm stellen. Den Bratensatz von der Fettpfanne lösen, durch ein Sieb in einen Topf gießen, aufkochen und mit in Sahne angerührtem Mehl binden.
Den Schinken in Scheiben schneiden, die Sauce separat dazureichen. Als Beilage schmecken Salzkartoffeln und Rotkohl.

Trotz der Nähe zum Meer hat Mecklenburg auch eine lange Fleisch- und Bratenvergangenheit. Besonders bei Festlichkeiten bogen sich die Tische unter der Last der häufig süßlich abgeschmeckten Fleischspeisen. Nicht nur die Qualität, auch die Quantität war wichtig. Jeder Gastgeber verstand es als größtes Kompliment für seine Kochkunst, wenn ein Gast zum Abschied sagte: „Es hat mich schön gefallen, is noch Fleisch nachgeblieben." (Hochdeutsch: Es hat mir sehr gefallen, ist noch Fleisch übrig geblieben!) Unverzeihlich jedoch, wenn an der Küste Köche den Mecklenburger Geschmack nicht so ganz getroffen oder gar verfehlt hatten. Einer von ihnen, Peter Klahr, hat es schriftlich bekommen. Auf seiner Grabplatte in der Doberaner Klosterkirche kann es jeder nachlesen: „Hier ruht Peter Klahr, he kaakte selen gahr, dar tau ganz unflädig, Gott sy siener Seelen gnädig."

Mürbbraten mit Rosenkohl

Für den Mürbbraten:
1 Knoblauchzehe
400 g Zwiebeln
1 Möhre
1 Tomate
60 g Butterschmalz
1,5 kg Schweinefleisch (Rippen- oder Nackenstück)
Salz
weißer Pfeffer
1 Messerspitze Piment
1 kleines Lorbeerblatt
1 TL Speisestärke
3–4 EL süße Sahne

Für den Rosenkohl:
1 kg Rosenkohl
Salz
40 g Butter
Muskatnuß
1 Bund Petersilie

Tip:
Statt der Knoblauchzehe wird auch gern gegen Ende der Garzeit ein ganzer ungeschälter Apfel in den Bratfond gegeben. Der macht Fleisch und Sauce schön pikant.

Für den Mürbbraten: Knoblauch schälen und durch die Knoblauchpresse drücken. Zwiebeln schälen und in Ringe schneiden, Möhre putzen und kleinschneiden, Tomate würfeln. Das Butterschmalz erhitzen und das Fleisch darin auf allen Seiten goldgelb anbraten. Salzen und pfeffern. Knoblauch, Zwiebeln, Möhren- und Tomatenwürfel zum Braten geben und kurz mit anbraten. Mit 1/2 Liter Wasser ablöschen, den Piment und das Lorbeerblatt zugeben. Zugedeckt bei mittlerer Hitze etwa 75 bis 90 Minuten schmoren lassen. Falls zuviel Flüssigkeit verdampft, mit Wasser ergänzen. Das Fleisch herausnehmen und warm stellen. Den Bratensatz vom Topfboden lösen, Bratenfond durch ein Sieb in einen anderen Topf gießen. Aufkochen, Speisestärke mit 1 Eßlöffel Wasser verrühren, in den Bratensatz geben und damit binden. Die Sahne einrühren. Das Fleisch in Scheiben schneiden, mit wenig Sauce begießen. Die restliche Sauce separat reichen. Als Beilage schmecken Salzkartoffeln und Rosenkohl.
Für den Rosenkohl: Die Röschen putzen, waschen, am Strunk kreuzweise einritzen. In 2 Liter kochendem Salzwasser etwa 12 bis 15 Minuten zugedeckt garen. Dann abtropfen lassen und in zerlassener Butter anrichten. Mit geriebener Muskatnuß und gehackter Petersilie bestreuen.

Butterschmalz ist seit Generationen in Mecklenburg das Fett zum Kochen schlechthin. Die Butter, die im Laufe des Sommers anfiel, wurde durch einfaches Erhitzen und Klären für längere Zeit ohne Kühlvorrichtung haltbar gemacht. Man kannte die Vorteile von Butterschmalz schon damals: Gebratenes erhält damit eine goldbraune Farbe. Geschmack und Geruch sind einfach toll. Heute braucht man kein so aufwendiges Verfahren, denn Butterschmalz gibt es fertig zu kaufen.

Schweineschinken mit Kirschsauce

Für den Schinken:
1,5 kg Schweineschinken ohne Schwarte (Oberschale oder Keule)
frisch gemahlener weißer Pfeffer
2 EL Butterschmalz
Salz
1 kleines Bund Suppengrün
3 EL Semmelbrösel
1 EL Mehl
2 EL Zucker

Für die Sauce:
350 g Kirschen
60 g Zucker
Saft von ½ Zitrone
1 TL Speisestärke

Tip:
In manchen Rezepten wird dem Zucker für die Kruste noch Zimtpulver beigemischt.

Für den Schinken: Den Schinken mit etwas Pfeffer einreiben.
1 Eßlöffel Butterschmalz in einem Bräter erhitzen und den Schinken darin auf allen Seiten anbraten. Rundherum salzen. 1 Tasse Wasser angießen. Den Bräter in den auf 220 °C (Gas Stufe 4/ 180 °C Umluft) vorgeheizten Backofen auf die untere Schiene stellen und 90 Minuten braten. Das Suppengrün putzen und kleinschneiden, nach 90 Minuten Bratzeit zu dem Fleisch in den Bräter geben. Dann die Temperatur auf 200 °C (Gas Stufe 3/ 170 °C Umluft) herunterschalten und noch 40 Minuten braten. Zwischendurch mit dem Bratfond begießen. Eventuell verdampftes Wasser ergänzen.
Inzwischen restliches Butterschmalz erhitzen und darin die Semmelbrösel unter Rühren goldgelb werden lassen. Herausnehmen und mit dem Mehl und dem Zucker mischen. 30 Minuten vor Ende der Garzeit des Schinkens diese Masse auf dem Schinken verteilen und bei 240 °C (Gas Stufe 5/190 °C Umluft) braten, bis die Kruste fest ist. Bratensatz lösen und durchseihen.
Für die Sauce: Die Kirschen waschen, entstielen, entsteinen und abtropfen lassen. In einem Topf mit Zucker, Zitronensaft und 4 Eßlöffel Bratenfond kochen lassen. Einige Kirschen für die Garnitur zurückbehalten, alle anderen im Mixer pürieren. Speisestärke mit 2 Eßlöffel Wasser verrühren und in die Kirschsauce geben, so daß sie etwas sämig wird.
Vor dem Servieren den Schinken in Scheiben schneiden. Sollte die Kruste zu hart zum Schneiden sein, diese vorher abnehmen und dann zu den Schinkenscheiben legen. Die Sauce separat dazureichen. Als Beilage eignen sich Salzkartoffeln.

Dieser Schweinebraten mit Kirschsauce dürfte ebenso pikant wie ungewöhnlich sein, und er hat sogar schon die Bezeichnung „Delikatesse“ für sich beansprucht. Süßlich überkrustete Braten waren unter anderen die authentischsten und typischsten Gerichte der gehobenen mecklenburgischen Küche. So stand es jedenfalls in Lisette Reuters Kochbuch von 1827 zu lesen. Und sie beschrieb diesen Braten voll Entzücken mit jener „wunnerschönen Bork (Kruste) von Zucker und Kaneel (Zimt)“.

Klopfschinken und Specksalat

Für den Klopfschinken:
250 g roher Schinken
(in 5 mm dicke Scheiben geschnitten)
1/4 Liter Milch
125 g Mehl
1 Ei
1/8 Liter helles Bier
1 TL Öl
Muskatnuß
Salz
Butterschmalz zum Braten

Für den Specksalat:
1 großer Kopfsalat
125 g durchwachsener Räucherspeck
2 EL Essig oder Zitronensaft
3 EL Zucker
3 EL gehackte Salatkräuter

Für den Klopfschinken: Die Schinkenscheiben mit dem Daumenballen flachdrücken, so daß sich die Scheibe vergrößert. 2 Stunden in Milch legen. Aus dem Mehl, Ei, Bier, Öl, Muskat und Salz einen glatten Teig rühren. 15 Minuten ruhen lassen. Die Schinkenscheiben durch den Teig ziehen und in reichlich heißem Butterschmalz in einer Pfanne von beiden Seiten jeweils 2 bis 3 Minuten goldgelb braten. Als Beilage schmeckt Specksalat sehr gut dazu.
Für den Specksalat: Den Kopfsalat putzen, waschen, gut abtropfen lassen. Für die Salatsauce den Speck würfeln und in einer Pfanne auslassen. 1/8 Liter Wasser angießen, Essig oder Zitronensaft und Zucker zufügen. So lange rühren, bis sich der Zucker aufgelöst hat. Süß-sauer abschmecken. Kurz vor dem Servieren die Salatblätter auf einen Teller geben und mit der Sauce übergießen. Die gehackten Kräuter darüberstreuen.

Ursprünglich kam in Mecklenburg zu besonderen Gelegenheiten ein in Brotteig gebackener geräucherter Schinken auf den Tisch. Um an das Fleisch heranzukommen, mußte auf die Umhüllung „geklopft“ werden. Dieser „Kloppschinken“, wie er auch heißt, ist eine vereinfachte Abwandlung dieser alten Zubereitung und läßt sich im Alltag leichter praktizieren.

Kuheuterschnitzel mit dicken Bohnen

Für das Kuheuterschnitzel:
1 kg Kuheuter
1 Zwiebel
6 weiße Pfefferkörner
4 Pimentkörner
4 Nelken
1 Lorbeerblatt
Salz
weißer Pfeffer
2 EL Mehl
1 Ei
Semmelbrösel
Butterschmalz zum Braten

Für die Bohnen:
750 g dicke Bohnen
(3 kg mit Schalen)
Salz
30 g Butter
weißer Pfeffer
1 Bund Petersilie

Für das Kuheuterschnitzel: Kuheuter abspülen und mit kaltem Wasser bedeckt aufsetzen, aufkochen und das Wasser wieder abgießen. Das Kuheuter noch einmal mit 2 Liter Wasser in einem Topf aufsetzen, erneut aufkochen. Zwiebel schälen und vierteln. Zwiebel, Pfefferkörner, Pimentkörner, Nelken und Lorbeerblatt zugeben. Bei schwacher Hitze zugedeckt 4 Stunden garen. Dann abkühlen lassen.
Das Fleisch in etwa ½ cm dicke Scheiben schneiden, trockentupfen und zuerst in einer Mischung aus Salz, Pfeffer und Mehl, dann in verquirltem Ei wenden. Zum Schluß mit Semmelbröseln panieren. In heißem Butterschmalz beidseitig schön braun braten.

Dazu schmecken gestowte Bohnen und schön mehlig kochende Salzkartoffeln sehr gut.
Für die dicken Bohnen: Die Bohnenkerne in Salzwasser etwa 30 bis 40 Minuten garkochen. Dann herausnehmen und abtropfen lassen. Bohnen warm stellen.
Butter in einem Topf erhitzen, und über die Bohnen geben. Mit Salz und Pfeffer sowie der feingehackten Petersilie würzen.
Gerne werden die dicken Bohnen auch gestowt, also in einer dicken weißen Sauce serviert. Dafür 30 g Butter in einem Topf erhitzen und 40 g Mehl einrühren. Mit ¼ Liter Milch und ½ Liter Fleischbrühe durchkochen lassen, würzen und die gegarten dicken Bohnen hineingeben.

In früheren Zeiten kam Fleisch selten auf den Tisch, das galt vor allem in Mecklenburg für die Knechte und Taglöhner. Deshalb wußte man auch mit allen Teilen eines Tieres in der Küche etwas anzufangen.

Nr. 284 – Montag, 6. Dezember 1993

Geräucherte Rehkeule

1 gehäufter EL Zucker
8 g Salpeter
250 g Salz
5 Pimentkörner
1 vorbereitete Rehkeule von etwa 2 kg
5 Wacholderbeeren
5 weiße Pfefferkörner
1 frischer Tannenzweig

Für die Pökellake den Zucker, den Salpeter, das Salz und die Pimentkörner in einem Topf mit 2½ Liter Wasser aufkochen und abkühlen lassen. Die Rehkeule hineinlegen und darin etwa 7 Tage liegen lassen. Dann herausnehmen, trockentupfen und unter Zugabe von Wacholderbeeren, Pfefferkörnern und dem Tannenzweig in kalten Rauch hängen (das macht Ihnen eventuell Ihr Schlachter). Danach muß die Rehkeule eine Woche in Zugluft hängen. Zum Essen wird sie in dünne Scheiben geschnitten. Als Beilage schmecken zur Rehkeule Erbsen und Möhren, Brokkoli und Blumenkohl oder Stangenspargel mit holländischer Sauce und Petersilienkartoffeln.

Gejagt wurde in Mecklenburg schon immer gern. Das Recht dazu sicherten sich die Grundbesitzer. In der ersten gesetzlichen Regelung über das Jagdwesen Mecklenburgs, der Polizei- und Landordnung von 1562 „Vom Jagen und Schießen, Weidewerk und Fischereien", hieß es denn auch, daß „kein Bauer, Schäfer, Müller, Bürger und Handwerker" jagen dürfe. Wehe dem, der mit Pirschrohr und Hunden im Walde angetroffen wurde.

Wildente mit Backpflaumen

Für 2 Personen

1 küchenfertige Wildente von etwa 800 g
Salz
weißer Pfeffer
6–8 Zweige Beifuß
200 g Backpflaumen ohne Stein
150 ml saure Sahne
1 EL Zucker

Ente abspülen, trockentupfen und innen mit Salz und Pfeffer einreiben. Ente mit Beifuß und den Backpflaumen füllen. Die Öffnungen zunähen. Mit der Brust nach unten in einen Bräter legen. Im vorgeheizten Backofen bei 180 °C (Gas Stufe 2/160 °C Umluft) 1½ Stunden braten. Zwischendurch etwa 2 Tassen Wasser angießen und die Ente hin und wieder mit Bratfond bestreichen. 30 Minuten vor Ende der Bratzeit die Ente wenden.
Den Bratensatz lösen, durch ein Sieb passieren, mit Sahne verrühren, aufkochen lassen und mit Salz, Pfeffer und Zucker abschmecken. Die Ente auf einer Platte anrichten und die Sauce separat servieren.
Dazu schmecken Kartoffelbrei, Rotkohl und Apfelkompott.

Wer diese Wildente auf den Tisch bringt, braucht die Gäste nicht lange raten zu lassen. Die fruchtige Füllung läßt die Herkunft des Rezeptes gleich erkennen. Und wie bei all diesen süß-sauren Gerichten schmeckt es einfach wunderbar.

Hasenragout

Für die Marinade:
1 Möhre
2 Schalotten
1/4 Sellerieknolle
1 Flasche Rotspohn (Rotwein)
1 Lorbeerblatt
1 EL Pimentkörner
2 Nelken
1 Zweig Thymian
1 Knoblauchzehe

Für den Hasen:
1 Hase (küchenfertig und zerlegt)
Salz
weißer Pfeffer
50 g Butterschmalz
2 EL Tomatenmark
Essig
Zucker
1/8 Liter Crème fraîche

Tip:
Wenn der Hase noch Herz und Leber hat, können die Innereien zum Schluß gewürfelt und in Butterschmalz gebraten dazugegeben werden.

Für die Marinade: Möhre, Schalotten und Sellerie putzen, waschen und kleinschneiden. Rotwein mit dem kleingeschnittenen Gemüse, dem Lorbeerblatt, den Pimentkörnern, den Nelken, dem Thymian und der feingehackten Knoblauchzehe aufkochen und abkühlen lassen. Die Hasenteile abspülen, trockentupfen. Über Nacht marinieren.
Für den Hasen: Fleisch herausnehmen und abtupfen, mit Salz und Pfeffer würzen. In 1 1/2 Eßlöffel erhitztem Butterschmalz rundherum anbraten, herausnehmen und beiseite stellen.
Das Gemüse aus der Marinade nehmen, abtropfen lassen und trockentupfen. Im restlichen Butterschmalz anschmoren. Tomatenmark einrühren und kurz mitdünsten. Mit der Marinade ablöschen, aufkochen lassen und abschäumen. Fleisch zugeben und darin abgedeckt etwa 1 1/2 Stunden im vorgeheizten Backofen bei 200 °C (Gas Stufe 3/ 170 °C) Umluft garen. Fleisch herausnehmen, warm stellen. Schmorflüssigkeit durch ein Sieb passieren und mit Salz, Pfeffer, Essig und Zucker abschmecken. Schmorflüssigkeit erhitzen, etwas einkochen lassen, die Crème fraîche hineinrühren. Das Fleisch in der Sauce erwärmen und mit Kartoffeln servieren.

„Es leben alle, die das Weidwerk treiben, das immer frischen Mut gewährt. Oh, könnt es Herbst im ganzen Jahre bleiben – das wäre, was mein Herz begehrt.“
Wer solche Lieder singt, muß von der Jagd begeistert sein, und das waren die Mecklenburger auch. Aber noch mehr als das Wildbret in Wald und Flur begeisterte sie das Wildbret auf dem Teller.

Hasenleberpastete

1 kg Hasenklein (Vorderläufe, Hals, Bauchlappen)
Salz
120 g Zwiebeln
3 Kaninchenlebern
300 g fetter Speck am Stück
300 g Schweineleber
frisch gemahlener weißer Pfeffer
1 TL Kapern
150 g fetter Speck (von der Breitseite in dünne Scheiben geschnitten)

Das Hasenklein abspülen und mit kochendem Salzwasser bedeckt zugedeckt etwa 45 Minuten kochen. Dann die Hasenteile aus der Brühe nehmen und abkühlen lassen. Das Fleisch von den Knochen lösen.
Die Zwiebeln schälen und vierteln. Die Kaninchenlebern putzen, den Speck würfeln. Zwiebeln, Kaninchenlebern, Speckwürfel und Schweineleber durch den Fleischwolf (feine Scheibe) drehen. Alles gut verrühren und mit Salz, Pfeffer und den gehackten Kapern abschmecken. Mit den Speckscheiben eine Pastetenform (eine Kastenkuchenform tut es auch) auslegen, daß die Speckscheiben über den Rand hinausragen. Die Fleischfarce einfüllen. Die Oberfläche glattstreichen und mit den Speckscheiben bedecken. Die Pastete in eine mit heißem Wasser gefüllte Fettpfanne setzen und das Ganze im vorgeheizten Backofen auf der 2. Schiene von unten bei 180 °C (Gas Stufe 2/ 160 °C Umluft) etwa 60 Minuten garen. Im ausgeschalteten Backofen abkühlen lassen. Mit einem spitzen Messer seitlich lockern, dann stürzen.
Als Vorspeise mit einer Sauce aus Hagebuttenmark servieren. Als Beilage paßt dazu Toastbrot.

In Mecklenburg ist das Niederwild, also Kaninchen und Hasen, zu Hause. Früher lud man im Winter zu großen Treibjagden ein. Die Treiber waren Erwachsene und große Kinder. Sie zogen, mit einem Stock bewaffnet, immer auf Sichtweite mit dem Nebenmann durch die Wälder. Gegen jeden Busch und jeden Strauch wurde geklopft und dabei gerufen: „Has, Has"! Sobald der Hase sichtbar war, rief man: „Has up, Has up!" Mittags, nach getaner Arbeit, gab es die mitgebrachte Erbsensuppe aus der Milchkanne. Danach ging das Treiben weiter, bis es dunkel wurde.

Gänseleberpastete Spickbrust

GÄNSELEBERPASTETE
250 g Gänseleber
1 Gänseherz
250 g Kalbfleisch
150 g Gänserückenfett
1 Ei
40 g geriebene Zwiebel
4 Stiele frischer Majoran
1 EL Pastetengewürz
1–2 EL Madeira
250 g fetter Speck (vom Schlachter von der Breitseite in dünne Scheiben geschnitten)
4 Stiele frischer Majoran

SPICKBRUST
1,4 kg Gänsebrust mit Knochen
100 g grobes Salz
weißer Peffer

Tip:
Wenn Sie für die Spickbrust nur grobes Salz verwenden, färbt sich das Fleisch nicht rot; es behält seine natürliche Farbe. Bei Verwendung von Pökelsalz – das verkauft Ihnen sicher der Schlachter – wird es rot.

GÄNSELEBERPASTETE (oben)
Gänseleber und -herz sowie das Kalbfleisch zusammen mit dem Gänsefett durch den Fleischwolf (feine Scheibe) drehen. Das Ei, geriebene Zwiebel und Majoranblättchen unterrühren. Mit Pastetengewürz und Madeira pikant abschmecken.
Eine Kastenform mit den dünnen Speckscheiben so auslegen, daß sie überlappen und über den Rand hinausragen. Die Füllung hineingeben, die Speckscheiben darüberklappen. Heißes Wasser in die Fettpfanne des Backofens gießen, die Kastenform hineinstellen und im vorgeheizten Backofen bei 200 °C (Gas Stufe 3/ 170 °C Umluft) etwa 30 bis 40 Minuten garen. Im Backofen abkühlen lassen. Vorsichtig stürzen und im Kühlschrank völlig auskühlen lassen. Zum Servieren dann in fingerbreite Scheiben schneiden.
Dazu schmecken Feldsalat mit Champignons und Walnüssen und Toastbrot – oder auch Roggenvollkornbrot.

SPICKBRUST (unten)
Vom Geflügelhändler den Knochen der Gänsebrust herauslösen lassen, so daß die Brusthälften noch gut zusammenhängen. Die Brust mit Salz und Pfeffer einreiben. In ein Gefäß legen und etwa 7 Tage im Kühlschrank ruhen lassen. Dann herausnehmen und trockentupfen. Die beiden Brustseiten zusammenklappen und seitlich mit einem Faden zusammennähen. Die Brust bei einem Schlachter im kalten Rauch eventuell unter Zugabe von Räucherspänen, Wacholderbeeren und Tannenzweigen räuchern lassen. Nach dem Räuchern in dünne Scheiben schneiden. Das geht am besten, wenn die Brust gut gekühlt ist.

Gänseleber mit Sauerkraut

Für das Sauerkraut:
1 Zwiebel
1 EL Schweine- oder Gänseschmalz
600 g Sauerkraut
4 Wacholderbeeren
150 g durchwachsener Speck
1 rohe Kartoffel

Für die Gänseleber:
800 g küchenfertige Gänseleber
40 g Butterschmalz
Salz
weißer Pfeffer
Rosenpaprika (scharf)
5 EL Kalbsbratenfond aus dem Glas
1/8 Liter trockener Weißwein
1 Prise Zucker
200 g große Äpfel
1/2 TL Butter
1 TL Speisestärke

Für das Sauerkraut: Zwiebel schälen und grob würfeln. Schmalz erhitzen und die Zwiebeln darin glasig werden lassen. Das auseinandergezupfte Sauerkraut und die Wacholderbeeren zufügen, durchschmoren und mit 1/4 Liter Wasser aufgießen. Speck würfeln und darauflegen. Zugedeckt bei kleiner Hitze 20 Minuten garen. Dann eine rohe Kartoffel in das Sauerkraut reiben, damit es bindet.
Für die Gänseleber: Die Leber trockentupfen. Butterschmalz in einem Topf erhitzen, die Leber darin rundherum anbraten, mit Salz, Pfeffer und Paprika würzen. Mit dem Kalbsbratenfond und dem Weißwein ablöschen. Zugedeckt 15 bis 20 Minuten schmoren. Mit Salz, Pfeffer und etwas Zucker abschmecken.
Inzwischen die Äpfel schälen, das Kerngehäuse ausstechen, die Äpfel in Ringe schneiden. Eine feuerfeste Form mit Butter ausstreichen, mit den Apfelscheiben auslegen. Gänseleber in Scheiben schneiden und ohne Flüssigkeit in die Form legen. Darüber das Sauerkraut locker verteilen. Noch 20 Minuten im vorgeheizten Backofen bei 200 °C (Gas Stufe 3/170 °C Umluft) garen.
Die Speisestärke mit 1 Eßlöffel Wasser verrühren und die erhitzte Schmorflüssigkeit der Leber damit binden. Mit Salz und Pfeffer abschmecken. Diese Sauce zu der Gänseleber servieren.
Zu diesem Gericht schmecken mehlig kochende Salzkartoffeln sehr gut.

Gänsebraten

Für 6–8 Personen

1 junge Gans (etwa 4 kg)
Salz
weißer Pfeffer
1 Bund Beifuß

Für die Füllung:
400 g säuerliche Äpfel (z.B. Boskop)
50 g durchwachsener Räucherspeck
3–4 EL geriebenes dunkles Roggenbrot
200 g Backpflaumen ohne Stein
2 EL Zucker

Für die Sauce:
1–2 EL Mehl
1 EL Speisestärke
Salz
weißer Pfeffer

Die Gans ausnehmen, abspülen, trockentupfen, innen und außen mit Salz und Pfeffer einreiben. Das Innere mit gehacktem Beifuß ausstreuen.
Für die Füllung: Äpfel vierteln, Kerngehäuse entfernen. Speck würfeln. Äpfel mit Speck, geriebenem Brot, Pflaumen und Zucker mischen. Die Gans damit füllen. Die Öffnung mit Küchengarn zunähen. Die Flügel miteinander verschränken, die Keulen am Körper mit Küchengarn festbinden.
Die Gans mit der Brust nach unten auf den Bratenrost legen. Die Fettpfanne mit ½ Liter heißem Wasser füllen und darunterschieben. Im vorgeheizten Backofen bei 200 °C (Gas Stufe 3/ 170 °C Umluft) etwa 60 Minuten braten. Dann den Vogel umdrehen und weitere 90 bis 120 Minuten braten. Die Haut zwischen Keulen und Brust zwischendurch einstechen, damit das Fett herausläuft. 10 Minuten vor Ende der Bratzeit die Temperatur auf 220 °C (Gas Stufe 4/ 180 °C Umluft) erhöhen. Die Haut mit etwas Salzwasser bestreichen. So wird sie schön kroß. Die Gans warm stellen.
Für die Sauce: Den Bratensatz in der Fettpfanne lösen, Fond durch ein Sieb in einen Topf gießen, Fett eventuell abschöpfen. Bratfond erhitzen. Mehl und Speisestärke mit 4 Eßlöffel Wasser verrühren, die Sauce damit binden. 5 Minuten kochen lassen. Mit Salz und Pfeffer abschmecken. Zur Gans werden Salzkartoffeln und Rosenkohl gegessen.

Mecklenburger Gänse sind wegen ihrer guten Qualität über die Grenzen hinaus berühmt. Im Herbst, wenn die Getreidefelder abgeerntet waren, wurden die Gänse auf die verbliebenen Stoppeln getrieben. Deshalb nannte man sie auch Stoppelgänse. Dort nährten sie sich von den reichlich vorhandenen Getreidekörnern bis zum Martinstag am 11. November. Dann waren sie dick und fett und das Gänseschlachten konnte beginnen. Das übernahmen auf den Gütern die Knechte; die Frauen der Tagelöhner rupften die Vögel, dann wurden sie abgesengt, ausgenommen und zerteilt. Für den Martinstag wurden etwa zwei Gänse zurückbehalten, die anderen Tiere wurden gepökelt und geräuchert – das war die einzige und vielleicht bis heute die beste Art, sie haltbar zu machen.

Kartoffeln, Klösse, Gemüse und Eingemachtes

Handklösse
Klösse mit Birnen

HANDKLÖSSE
1 kg mehlig kochende Kartoffeln
150 g geschnittenes Weißbrot oder 6 Scheiben Toastbrot von je 25 g
100 ml Milch
2 Eier
150 g Mehl
geriebene Muskatnuß
1 TL frischer oder ½ TL getrockneter Thymian
Salz, 1 EL Zucker
2 Zwiebeln
150 g durchwachsener Räucherspeck

KLÖSSE MIT BIRNEN
1 kg reife, aber nicht zu weiche Birnen
1 Zimtstange
Schale von 1 unbehandelten Zitrone
2 EL Zucker
1 EL Speisestärke
Salz
200 g Butter
2 EL Sahne
2 Eier
etwas geriebene Muskatnuß
6 EL Semmelbrösel

Tip:
Wer mag, kann die Birnen mit einem Schuß Essig oder Zitronensaft säuerlich machen.

HANDKLÖSSE (oben)
Die Kartoffeln abbürsten und weichkochen. Schälen, pürieren und warm stellen. Das Weißbrot in Milch einweichen und mit dem Handrührgerät fein zerkleinern. Eier zugeben und einrühren. Dann das Mehl nach und nach unterheben. Das warme Kartoffelpüree, Muskat, Thymian und Salz zufügen und mit der Weißbrot-Eimasse mischen.
1 Liter Wasser mit Salz und dem Zucker aufkochen. Nacheinander 12 Klöße formen und in dem Wasser 15 bis 18 Minuten garziehen lassen. Dann herausnehmen, abtropfen lassen und in einer Schüssel, in die eine umgedrehte Untertasse gelegt wurde, setzen. Zwiebeln schälen und würfeln, den Speck ebenfalls würfeln und in einer Pfanne auslassen. Die Zwiebeln darin goldgelb braten. Vor dem Servieren auf die Klöße geben.

KLÖSSE MIT BIRNEN (unten)
Die Birnen schälen, vierteln, Kerngehäuse entfernen und in ⅜ Liter Wasser mit Zimtstange, Zitronenschale und Zucker in 8 bis 10 Minuten nicht zu weich kochen. Die Flüssigkeit mit in wenig Wasser angerührter Speisestärke binden. Warm stellen. Einen großen Topf mit Salzwasser erhitzen. Die Butter, die Sahne und die Eier schaumig rühren. Unter ständigem Schlagen Salz, Muskat sowie die Semmelbrösel zufügen. Daraus mit Hilfe von zwei Eßlöffeln Klöße abstechen. Klöße in das siedende Salzwasser geben und 6 bis 8 Minuten ziehen lassen. Mit einer Schaumkelle herausnehmen, abtropfen lassen und mit dem Birnenkompott anrichten.

Hefekartoffeln Schmandkartoffeln

HEFEKARTOFFELN
750 g festkochende Kartoffeln
5 Zwiebeln
50 g Margarine
1 Würfel Hefe
40 g Mehl
1/2 Liter Fleischbrühe
Salz
Schnittlauchröllchen
40 g Butterflöckchen

SCHMANDKARTOFFELN
1 kg kleine, überwiegend festkochende Kartoffeln
125 g durchwachsener Räucherspeck
2 Zwiebeln
30 g Mehl
1/2 Liter Fleischbrühe
Salz
weißer Pfeffer
4–5 Stiele frischer Majoran
1/8 Liter Schmand (saure Sahne)

HEFEKARTOFFELN (oben)
Die Kartoffeln gründlich abbürsten, waschen und in der Schale weichkochen. Mit kaltem Wasser abschrecken und noch warm pellen. Dann in Scheiben schneiden. Die Zwiebeln schälen und fein würfeln. Margarine erhitzen und die Zwiebeln darin glasig braten. Die zerbröckelte Hefe zugeben und unter Rühren auflösen. Mit Mehl bestäuben und weiterrühren, bis das Mehl hellgelb wird. Mit heißer Fleischbrühe ablöschen. 10 Minuten durchkochen lassen.
Die Sauce mit Salz abschmecken und die Schnittlauchröllchen unterheben. In eine flache, mit etwas Butter eingefettete Auflaufform geben. Mit Flöckchen von der restlichen Butter besetzen. Bei 180 °C (Gas Stufe 2/160 °C Umluft) etwa 40 Minuten backen. Sofort servieren.
Dazu schmeckt ein gemischter Salat mit einer Sauce aus saurer Sahne und Kräutern.

SCHMANDKARTOFFELN (unten)
Die Kartoffeln gründlich waschen und in der Schale weichkochen. Dann abgießen, mit kaltem Wasser kurz abschrecken und heiß pellen. Den Speck würfeln und ausbraten. Die Zwiebeln schälen und in dem Speckfett glasig werden lassen, mit Mehl bestäuben, kurz durchschwitzen lassen und mit der Fleischbrühe aufgießen. 5 Minuten kochen lassen. Mit Salz und Pfeffer würzen. Die Majoranblättchen abzupfen, kleinschneiden und dazugeben. Die saure Sahne unterheben. Die Kartoffeln in Scheiben schneiden und unter diese Sahnemasse heben. Bei kleiner Hitze vorsichtig erwärmen.
Zum Servieren mit abgezogener und in Scheiben geschnittener Rügenwalder Teewurst und aufgeschnittener Salzgurke anrichten.

In Rügenwalde traf sich die Zunft der Fleischer einmal wöchentlich beim Tee – und einem Schnäpschen – zum Fachsimpeln. Ein Mitglied dieser Runde brachte eines Tages eine mißlungene Cervelatwurst mit. Alle probierten und waren begeistert, so entstand die Rügenwalder Teewurst.

Kartoffeln mit Birnen
Heringskartoffeln

KARTOFFELN MIT BIRNEN
375 g getrocknete Birnen (Backbirnen)
600 g durchwachsener Räucherspeck
750 g Kartoffeln
Salz
weißer Pfeffer

HERINGSKARTOFFELN
8 küchenfertige Salzheringe
1 kg kleine Kartoffeln
3 Zwiebeln
125 g durchwachsener Räucherspeck
3 EL Mehl
½ Liter Fleischbrühe
2 EL Essig
weißer Pfeffer

KARTOFFELN MIT BIRNEN (oben)
Birnen über Nacht mit ¾ Liter Wasser bedeckt einweichen. Am nächsten Tag das Einweichwasser zum Kochen bringen, den Speck hineingeben. Zugedeckt etwa 30 Minuten bei kleiner Hitze kochen lassen. Dann die Backbirnen zugeben und weitere 30 Minuten garen.
Kartoffeln schälen, in Stücke schneiden und separat in Salzwasser garen. Dann abgießen und die Kartoffeln zum Obst geben. Noch einmal kurz aufkochen. Eventuell mit Salz und Pfeffer abschmecken. Vor dem Servieren den Speck in Scheiben schneiden und mit den Birnen und den Kartoffeln anrichten.

Für „Tüfften un Backbeern" können im Spätsommer, zur Birnenzeit, natürlich auch frische Birnen verwendet werden. Und statt der Backbirnen schmecken im Winter natürlich auch Backäpfel. Allerdings sollte dann das Gericht zusätzlich mit Zucker gesüßt werden.

HERINGSKARTOFFELN (unten)
Die Heringe über Nacht zugedeckt wässern. Die Kartoffeln gründlich waschen und in der Schale weichkochen, abgießen, mit kaltem Wasser abschrecken und noch warm pellen. Die Heringe abtropfen lassen, Flossen abschneiden, Kopf und Gräten entfernen. Die Filets in feine Würfel schneiden. Die Zwiebeln schälen und würfeln, den Speck ebenfalls würfeln. Speckwürfel in einer Pfanne auslassen, Zwiebeln zugeben, Mehl darüberstäuben und unter Rühren gelb anschwitzen. Mit Brühe und Essig aufgießen. 5 Minuten unter Rühren kochen lassen. Dann die Heringsstücke mit den ganzen Kartoffeln unterheben. Vorsichtig durchschwenken und alles erhitzen. Dazu wurde kalt aufgeschnittener oder auch wieder aufgewärmter Braten gegessen.

Klösse mit Backobst

Für das Backobst:
500 g gemischtes Backobst (Äpfel, Pflaumen, Birnen, eventuell auch Kirschen)
Schale von 1/2 unbehandelten Zitrone
1 kleines Stück Zimtstange
120 g Zucker
2 gehäufte EL Speisestärke

Für die Klöße:
200 g Semmeln
50 g durchwachsener Räucherspeck
1/2 Liter Milch
40 g Butter
200 g Mehl
8 Eigelb
6 Eiweiß
1 TL Salz

Zum Garen:
2 Liter Fleischbrühe
1 Lorbeerblatt
2 kleine Zwiebeln

Für das Backobst: Das Obst mit 1/2 Liter Wasser bedeckt über Nacht einweichen. Dann mit Zitronenschale, Zimtstange und dem Zucker zum Kochen bringen und bei kleiner Hitze etwa 20 Minuten garen. Die Flüssigkeit mit in wenig Wasser verrührter Speisestärke binden. Warm stellen.

Für die Klöße: Von den Semmeln die Krusten abschneiden. Den Speck würfeln und in einer Pfanne auslassen. Die Semmelkrusten darin unter Wenden braun anbraten. Abkühlen lassen. Inzwischen restliche Semmeln reiben. Milch mit Butter in einem Topf aufkochen, Mehl unter Rühren einstreuen. So lange rühren, bis sich der Teig vom Topfboden löst. Nach und nach die Eigelbe unterrühren.

Abkühlen lassen. Dann die Semmel-Speck-Masse in die Mehlmasse rühren.

Eiweiß und Salz steif schlagen und unter die Kloßmasse heben.

Zum Garen: Die Fleischbrühe mit dem Lorbeerblatt und den geschälten und in Viertel geschnittenen Zwiebeln aufkochen. Mit 2 Eßlöffeln aus der Kloßmasse 8 bis 12 Klöße abstechen. Etwa 20 Minuten garziehen lassen. Herausnehmen, abtropfen lassen und mit dem Backobst anrichten.

Zu diesen Klößen ißt man anstatt Backobst auch Birnenkompott und Klopfschinken mit grünem Salat.

Bis zur Mitte des vorigen Jahrhunderts standen die Mehlklöße recht hoch in der Gunst der Mecklenburger. Aber dann wurden sie von den Kartoffeln verdrängt. Diese Klöße mit Backobst sind eine ganz traditionsreiche und beliebte Mecklenburger Spezialität.

Bohnen mit Äpfeln
Kürbis mit Speck

BOHNEN MIT ÄPFELN
300 g weiße Bohnenkerne
1 Bund Suppengrün
500 g Äpfel
Zucker
Zimt
Salz
125 g durchwachsener Räucherspeck
50 g Butter oder Margarine

KÜRBIS MIT SPECK
750 g durchwachsener Räucherspeck
1 Lorbeerblatt
4 Pimentkörner
1 Zwiebel
1 kleine Stange Lauch
200 g Äpfel
1 kg Kürbis
50 g Schweineschmalz
3 mittelgroße gehäutete Tomaten
1/8 Liter Buttermilch
30 g Mehl
Salz
weißer Pfeffer
Zucker

BOHNEN MIT ÄPFELN (oben)
Die Bohnen über Nacht in 3/4 Liter Wasser einweichen. Am nächsten Tag das Suppengrün putzen, kleinschneiden und in das Einweichwasser zu den Bohnen geben. Zum Kochen bringen und 1 1/2 Stunden köcheln lassen. Dann die Äpfel schälen, vierteln, das Kerngehäuse entfernen und zu den Bohnen geben. Noch 15 Minuten bei mittlerer Hitze köcheln lassen. Mit Zucker, Zimt und Salz abschmecken. Speck würfeln, glasig braten und Butter zufügen. Dann die Bohnen-Apfel-Mischung in einer Schüssel anrichten. Ausgelassenen Speck separat servieren. Jeder gibt so viel Speck über die Bohnen, wie er mag. Und wer es ganz deftig liebt, kann auch noch etwas ausgelassenes Speckfett dazutun.

Mancherorts mag man diese Beilage auch ohne Speck und hebt stattdessen etwas gehackte Petersilie unter. Diese Beilage schmeckt hervorragend zu Klopfschinken und Spickbrust.

KÜRBIS MIT SPECK (unten)
Den Speck mit dem Lorbeerblatt und den Pimentkörnern in kochendes Wasser geben und zugedeckt etwa 1 Stunde köcheln lassen. Zwiebel schälen und würfeln. Lauch putzen, waschen, abtropfen lassen und in Ringe schneiden. Äpfel abspülen, achteln, Kerngehäuse entfernen. Die Achtel halbieren. Kürbis schälen, die Kerne entfernen, das Kürbisfleisch kleinschneiden. Schweineschmalz in einem Topf erhitzen, die Zwiebelwürfel darin glasig werden lassen. Kürbisstücke zufügen, wenden. Mit 1/2 Liter Speckbrühe auffüllen. Zugedeckt bei mittlerer Hitze 15 Minuten garen. 10 Minuten vor Ende der Garzeit die Lauchringe und die Apfelschnitze zugeben, 5 Minuten später die Tomaten. Buttermilch und Mehl verrühren und das Kürbisgemüse damit binden. Mit Salz, Pfeffer und Zucker abschmecken. Den Speck in Scheiben schneiden und mit Salzkartoffeln zum Kürbisgemüse anrichten. Wer etwas ganz Besonderes vorzeigen möchte, serviert den Eintopf in einer ausgehöhlten Kürbishälfte.

Schinkenbohnen
Schnittbohnen in Milch

SCHINKENBOHNEN
750 g Schnitt- oder Brechbohnen
200 g roher Schinken
750 g Kartoffeln
Butter für die Form
4 Eier
1/4 Liter Milch
Salz
weißer Pfeffer
2 Stiele Bohnenkraut
1 EL Zitronensaft
40 g geriebener Käse
30 g Butter oder Margarine

SCHNITTBOHNEN IN MILCH
1 kg Schnittbohnen (flache, breite Stangenbohnen)
2 Stiele Bohnenkraut
Salz
30 g Butter
40 g Mehl
1/2 Liter heiße Milch
Salz
weißer Pfeffer
geriebene Muskatnuß
1 Prise Zucker

Tip:
So kann auch Weißkohl zubereitet werden.

SCHINKENBOHNEN (oben)
Bohnen putzen und in Stücke schneiden. In 10 bis 12 Minuten in kochendem Wasser garen. Schinken fein würfeln. Kartoffeln schälen und in dünne Scheiben schneiden. Unter kaltem Wasser abspülen. Bohnen, Schinken und Kartoffeln abwechselnd in eine flache gebutterte Auflaufform geben. Eier mit Milch verquirlen. Mit Salz, Pfeffer, den abgezupften Blättchen vom Bohnenkraut und dem Zitronensaft abschmecken und über die Kartoffel-Bohnen-Mischung geben. Den Käse daraufstreuen und Butter- oder Margarineflöckchen daraufsetzen. Zugedeckt im vorgeheizten Backofen bei 200 °C (Gas Stufe 3/ 170 °C Umluft) etwa 1 Stunde garen.

Aufläufe nahmen früher einen festen Platz auf den landesüblichen Speisezetteln ein. Vielleicht weil Aufläufe eben recht praktisch in der Zubereitung sind. Alles kommt in ein Gefäß und gart friedlich im Backofen vor sich hin.

SCHNITTBOHNEN IN MILCH (unten)
Die Bohnen waschen, längs und quer durchschneiden und mit dem Bohnenkraut in 1 1/4 Liter Salzwasser zugedeckt 30 bis 40 Minuten garen. Inzwischen die Butter in einem Topf erhitzen, das Mehl einrühren, kurz durchschwitzen lassen. Unter Rühren mit Milch auffüllen. 5 Minuten kochen lassen. Mit Salz, Pfeffer, Muskatnuß und Zucker abschmecken. Die sehr gut abgetropften Bohnen in die Sauce geben.
Die in Milch gestowten Schnittbohnen schmecken zusammen mit Salzkartoffeln am besten. Außerdem passen dazu Frikadellen, geräucherter Schinken oder gesalzener Hering.

In mecklenburgischen Dörfern gab es schon immer einen eingezäunten „Gorden" am Haus, er gehörte einfach zur Wirtschaft. Der Baumgarten, „Awthoff" genannt, bestand aus einer Wiese, auf der Schafe und Jungvieh gehalten wurden. Im „Krutgorden" wuchsen die schönsten Blumen und natürlich auch Busch- und Stangenbohnen. Allerdings erst ab 1840, denn bis dahin kannte man hier noch keine Bohnen.

Essigkürbis Viermus

ESSIGKÜRBIS
Für etwa 3 Gläser à 450 g
1,5 kg Kürbis
1 Liter Weinessig
300 g Zucker
3 Nelken
1 Zimtstange
Schale von 1/2 unbehandelten Zitrone
30 g frischer Ingwer

VIERMUS
Für etwa 6 Gläser à 450 g
500 g Preiselbeeren
500 g Zucker
500 g Äpfel
500 g Birnen
500 g Zwetschgen
1 Stückchen Zimtstange
2 Nelken
abgeriebene Schale von 1/2 unbehandelten Zitrone

Tip:
Ein Schuß Madeira oder Rum, aber auch Portwein oder Sherry gibt dem Viermus einen gewissen pikanten Akzent.

ESSIGKÜRBIS (oben)
Kürbis schälen, die Kerne entfernen. Das Kürbisfleisch in mundgerechte Stücke schneiden. Weinessig mit dem Zucker, den Nelken und dem Zimt aufkochen, bis sich der Zucker gelöst hat. Die Zitronenschale und den geschälten Ingwer zufügen. Die Kürbisstücke portionsweise hineingeben und jeweils 10 Minuten kochen. In ein vorbereitetes Glas oder einen Steintopf geben. Den Sud kochendheiß über die Kürbisse gießen. Das Gefäß abdecken. Den Sud am nächsten Tag wieder abgießen, noch einmal aufkochen und abgekühlt über den Kürbis füllen. Das Gefäß verschließen. Kühl und dunkel aufbewahren.

„Essigkörbsen" passen gut zu allen Braten von Schwein, Rind und Hammel beziehungsweise Lamm.
Statt Kürbisfleisch in Würfel zu schneiden, können Sie es auch mit einem Kugelausstecher ausschneiden. Das ist besonders dekorativ, wenn Sie ein Gläschen Eingemachtes verschenken wollen. Den „Abfall" können Sie natürlich für sich selbst verwenden und ebenfalls einlegen oder zu Püree verarbeiten.

VIERMUS (unten)
Preiselbeeren verlesen, abbrausen. Mit 125 g Zucker und 1/8 Liter Wasser in einem Topf bei kleiner Hitze 10 Minuten dünsten lassen. Inzwischen Äpfel und Birnen schälen, achteln und die Kerngehäuse entfernen. Die Achtel in dünne Scheiben schneiden. Die Zwetschgen abbrausen, trockentupfen, halbieren, entsteinen und vierteln. Zuerst die Zwetschgen zu den Preiselbeeren geben und 5 bis 6 Minuten kochen lassen. Dann die restlichen Früchte mit der Zimtstange, den Nelken und dem restlichen Zucker zugeben. Eventuell noch 60 ml Wasser zugießen. Noch ungefähr 10 bis 15 Minuten kochen lassen. Das Viermus ist gut, wenn die Masse sämig, die Apfel- und Birnenstücke aber noch erkennbar sind. In vorbereitete Gläser füllen und sofort verschließen.

Viermus ist eine leckere Beilage zu Wild und zu geschmortem Braten. Es schmeckt auch sehr fein zu kalt aufgeschnittenem gekochtem Schinken und Roastbeef.

Gemüse hinter Glas

ZUCKERGURKEN
Für etwa 4 Gläser à 450 g
1,5 kg Schmorgurken
1 Liter Weinessig
750 g Zucker
20 Gewürznelken
2 Zimtstange
30 g frischer Ingwer

QUIETSCHBOHNEN
Für etwa 2 Gläser à 450 g
500 g ganz junge Brechbohnen
Salz
½ Liter Essig
375 g Zucker
4–5 Gewürznelken
Schale von ½ unbehandelten Zitrone

ZUCKERGURKEN (links)
Gurken schälen, längs halbieren, mit einem Löffel die Kerne entfernen. Das Gurkenfleisch in mundgerechte Stücke schneiden. 1 Liter Wasser und ⅜ Liter Weinessig aufkochen. Gurkenstücke hineingeben und einmal aufkochen. Die Gurkenstücke herausnehmen, abtropfen lassen. Das Essigwasser weggießen. Restlichen Essig mit dem Zucker aufkochen und so lange kochen, bis sich der Zucker gelöst hat. Gewürznelken, Zimtstangen und geschälten Ingwer hineingeben. Die Gurken in dem Sud 5 Minuten glasig kochen. Die Gurkenstücke in ein großes Glas oder einen Steintopf geben. Die Flüssigkeit noch 15 Minuten kochen lassen. Dann heiß darübergießen und zudecken. Am nächsten Tag die Flüssigkeit abgießen, noch einmal aufkochen und abgekühlt über die Gurken geben. Dann das Glas oder den Topf ganz fest verschließen und 4 bis 6 Wochen ruhen lassen, bis die Gurken die nötige Würze haben.

Eingemacht wurde schon zu allen Zeiten. Und was in die Gläser kam, ist eigentlich keine Frage: Alles, was im Garten, in Feld und Flur reifte.

QUIETSCHBOHNEN (rechts)
Die Bohnen waschen, abtropfen lassen, abfädeln, die Enden abschneiden. Die Bohnen in ½ Liter kochendem Salzwasser etwa 5 Minuten blanchieren, dann in kaltem Wasser abschrecken und gut abtropfen lassen. Inzwischen Essig, Zucker, Gewürznelken und Zitronenschale in einem Topf aufkochen lassen, bis sich der Zucker gelöst hat. Dann durch ein Sieb auf die Bohnen gießen. Abgedeckt über Nacht stehen lassen. Am nächsten Tag die Bohnen mit der Flüssigkeit aufkochen, herausnehmen und in ein Glas geben. Die Flüssigkeit noch 10 Minuten kochen lassen. Dann kochendheiß auf die Bohnen gießen, so daß sie bedeckt sind. Das Glas luftdicht mit Twist-off-Deckeln verschließen.

Diese Zuckerbohnen quietschen tatsächlich, wenn man sie ißt. Man kann sie kalt als Beilage wie einen Salat oder auch erwärmt als Gemüse essen.

Und aufs Schwarzbrot

KÜRBISKONFITÜRE
Für 4 Gläser à 450 g
1 kg Kürbis
500 g Zucker
Saft von 2 Zitronen
5 bittere geriebene Mandeln
2 cl Rum (45 Vol.-%) oder weißer Portwein nach Belieben

APFELGRIEBEN
4 kleine säuerliche Äpfel
100 g Zwiebeln
500 g Schweinefett (Flomen)
1 Zweig Majoran
2 Zweige Thymian
1 gute Prise Piment
Salz

GÄNSESCHMALZ
500 g Gänseflomen (Schmer)
125 g Schweineflomen
1 mittelgroße Zwiebel
1 mittelgroßer Apfel
1 Zweig Thymian

Tip:
Wer die Zwiebeln und Äpfel im Gänseschmalz mag, kann sie auch drin lassen.

KÜRBISKONFITÜRE (oben)
Kürbis schälen, die Kerne entfernen. Das Fruchtfleisch in Stücke schneiden. Mit 1/4 Liter Wasser aufsetzen und zugedeckt 15 Minuten dünsten. Zucker, Zitronensaft und die Mandeln zugeben. Unter ständigem Rühren etwa 30 Minuten kochen, bis die Konfitüre glasig und dick ist. Den Rum einrühren. Die Masse noch heiß in vorbereitete Gläser füllen. Kürbiskonfitüre schmeckt gut auf einer mit Butter bestrichenen Schwarzbrotscheibe.

APFELGRIEBEN (Mitte)
Die Äpfel abspülen und trockentupfen. Den Stiel und den Blütenansatz entfernen. An der Stelle, an der die Blüte war, einen Kreuzschnitt machen, damit der Apfelgeschmack ins Schmalz zieht. Zwiebeln schälen und halbieren.
Schweinefett in kleine Würfel schneiden, in einem Topf langsam ausbraten. Sobald die Würfel gelblich werden, die Äpfel und Zwiebelhälften zugeben. Majoran, Thymian und Piment zufügen. So lange köcheln lassen, bis das flüssige Fett siedet.
Dann durch ein Sieb in einen Steintopf gießen. Speckgrieben, Apfel- und Zwiebelstücke mit etwas Salz mischen und pürieren. In das Fett rühren, erkalten und abkühlen lassen.
Wer mag, braucht das Fett nicht durchzuseihen. Dann sind Apfel und Zwiebel in Stücken in den Grieben enthalten.

GÄNSESCHMALZ (unten)
Gänse- und Schweineflomen in große Würfel schneiden. In einem Topf langsam goldgelb ausbraten lassen. Die Zwiebel schälen. Apfel abspülen, völlig trockentupfen. Zwiebel und Apfel in Achtel schneiden, dabei die Kerngehäuse entfernen. Zusammen mit der Zwiebel und dem Thymianzweig in das Schmalz geben. Sobald die Zwiebel braun geworden ist, Zwiebel, Apfel und Thymianzweig herausnehmen und entfernen. Das Gänseschmalz durch ein Sieb streichen und zum Festwerden in einen Steintopf gießen. Fest werden lassen.

Schmalz, ob Apfel- oder Gänseschmalz, ist in Mecklenburg ein sehr beliebter Aufstrich für kräftiges Vollkornbrot mit Mettwurst, Leber- und Blutwurst oder Tollenser Käse.

Süsse Speisen, Kuchen, Gebäck und Getränke

Semmelpudding mit Weinschaumsauce

125 g Butter
2 EL Zucker
6 Eigelb
250 g Semmelbrösel
1/4 Liter Milch
125 g Rosinen
125 g Korinthen
125 g geriebene Mandeln
200 ml Rum
6 Eiweiß

Für die Form:
Butter zum Einfetten
Semmelbrösel zum Ausstreuen

Für die Sauce:
4 Eier
2 EL Speisestärke
200 g Zucker
1/2 Liter Weißwein
Saft von 1 Zitrone

Tip:
Sie können für die Sauce statt Weißwein auch Apfelsüßmost verwenden.

Butter, Zucker und Eigelbe weißcremig schlagen. Nach und nach die Semmelbrösel und die Milch unterschlagen. Die Rosinen, die Korinthen, die Mandeln und den Rum unterheben. Das Eiweiß schnittfest schlagen und unter die Eigelb-Semmelbrösel-Masse heben. Eine gut ausgefettete und mit Semmelbröseln ausgestreute Puddingform (2 Liter Inhalt) zu Dreiviertel füllen. Die Form in einen hohen Topf stellen, Wasser einfüllen, so daß sie zur Hälfte darin steht. Die Form gut verschließen. Den Topf zudecken und bei kleiner Hitze ungefähr 60 Minuten köcheln lassen.
15 Minuten auf ausgeschalteter Herdplatte zu Ende garen.
Für die Sauce: Alle Zutaten in einem Topf verrühren. Dann den Topf auf die Herdplatte stellen und die Sauce unter ständigem Schlagen bei kleiner Hitze zum Kochen bringen. Den Topf vom Herd nehmen und weiterschlagen, bis die Sauce etwas abgekühlt ist.

Dieser Pudding ist übrigens alles andere als ein Wackelpeter! Er wird in einer eigens dafür vorgesehenen, fest verschließbaren Form im Wasserbad gegart. Die Zubereitung eines Puddings war genau das richtige, wenn viel Arbeit auf dem Hof anfiel. Nur der Teig mußte zubereitet werden, garen durfte der Pudding dann von allein. Und inzwischen konnte das Vieh versorgt werden.

Auflauf mit Pflaumen

400 g Backpflaumen ohne Stein
100 g Zucker
Schale von 1 unbehandelten Zitrone
1 Zimtstange
1 Prise Salz
30 g Butter zum Einfetten
250 g Toastbrotscheiben (10 Scheiben à 25 g)

Für die Eiermilch:
4 Eier
½ Liter Milch
200 g süße Sahne
etwa 3–4 EL Pflaumenflüssigkeit
40 g Butterflöckchen zum Belegen

Backpflaumen abspülen, ¼ Liter Wasser, Zucker, Zitronenschale, Zimtstange und Salz aufkochen. Die Pflaumen darin zugedeckt 10 Minuten garen. Dann herausnehmen und abtropfen lassen. Eine feuerfeste quadratische Auflaufform einfetten. Den Boden mit Toastscheiben auslegen, falls nötig die Scheiben passend zur Größe der Form zurechtschneiden. Darüber die Pflaumen verteilen. Darauf noch eine Schicht Toastscheiben legen.
Für die Eiermilch: Eier, Milch und Sahne verquirlen. Pflaumenflüssigkeit zugeben und alles über den Auflauf gießen. Die oberen Brotscheiben müssen von der Eiermilch getränkt sein. Butterflöckchen daraufsetzen. Den Auflauf in den vorgeheizten Backofen auf die untere Schiene stellen und bei 200 °C (Gas Stufe 3/ 170 °C Umluft) etwa 45 Minuten backen.

Dieses Gericht wird auch „Schwarze Magister" genannt. Sein Hauptbestandteil, die „Plummen", kommen immer wieder in den Gerichten der mecklenburgischen Küche vor und wurden sogar in Fritz Reuters „Läuschen und Rimels" besungen. Solche Aufläufe wurden recht häufig zubereitet, sie schmecken auch als Hauptgericht; damit man richtig satt wird, ißt man vorweg eine Suppe.

SCHWARZBROTPUDDING

60 g Butter
125 g geriebenes altbackenes Schwarzbrot (Roggenbrot)
100 ml Rotwein
6 Eigelb
50 g Zucker
125 g feingehackte Mandeln
abgeriebene Schale von 1/4 unbehandelten Zitrone
je 1 Prise Zimt und Kardamom
6 Eiweiß

Für die Form:
etwas Butter
50 g feingemahlene Mandeln zum Ausstreuen

Die Butter in einem Topf schmelzen und das geriebene Schwarzbrot hineingeben. Rotwein zugießen. Die Masse abkühlen lassen. Eigelbe mit der Hälfte des Zuckers weißcremig schlagen. Die Mandeln, die Zitronenschale, Zimt und Kardamom zufügen. Eiweiße mit dem restlichen Zucker schnittfest schlagen und unter die Eigelbmasse heben. Die Schwarzbrotmasse dazugeben und vermischen. Eine Puddingform von 2 Liter Inhalt (mit einem gut verschließbaren Deckel) mit Butter gut einfetten und mit feingemahlenen Mandeln ausstreuen. Die Puddingmasse einfüllen. Die Form verschließen, in einen hohen großen Topf stellen. Wasser einfüllen, so daß die Form zur Hälfte darin steht. Den Topf zudecken und bei kleiner Hitze etwa 60 Minuten kochen. Dann noch 15 Minuten bei ausgeschalteter Platte zu Ende garen.
Als Beilage schmecken Fruchtsaucen.

Ein Rezept, das zur Zubereitung selbst nicht so viel Zeit braucht. Sobald die Puddingform geöffnet wird, entströmt ihr ein unvergleichlicher Duft.

Griebenplätzchen
Buttermilchflinsen

GRIEBENPLÄTZCHEN
200 g Grieben
(von ausgelassenem Flomen)
150 g Zucker
200 g Mehl
1 TL Zimtpulver
1 TL Piment
1 EL Arrak
abgeriebene Schale von
1 Zitrone
1 Prise Salz
2 Eier
Mehl zum Ausrollen

Tip:
Wer keinen Fleischwolf hat, zerkleinert die Grieben mit einem Pürierstab.

BUTTERMILCHFLINSEN
3/8 Liter Buttermilch
250 g Mehl
3 Eier
1 Messerspitze Salz
100 g Butterschmalz
100 g Zucker
Zimt

GRIEBENPLÄTZCHEN (rechts)
Die ausgelassenen krossen Grieben durch den Fleischwolf (feine Scheibe) drehen und mit den übrigen Zutaten rasch zu einem Teig verkneten. Den Teig 30 Minuten zugedeckt kühl stellen. Auf leicht bemehlter Fläche dünn ausrollen und Plätzchen ausstechen. Die Plätzchen auf ein mit Backtrennpapier ausgelegtes Blech setzen und im vorgeheizten Backofen auf der mittleren Schiene bei 220 °C (Gas Stufe 4/180 °C Umluft) etwa 12 bis 15 Minuten backen.

BUTTERMILCHFLINSEN (links)
Buttermilch, Mehl, Eier und Salz mit dem Schneebesen des Handrührgerätes zu einer dicklichen Masse verrühren. 30 Minuten quellen lassen.
In einer Pfanne etwas Butterschmalz erhitzen, jeweils eine kleine Schöpfkelle mit Teig hineingeben, bis zum Pfannenrand laufen lassen. Sobald die obere Fläche gestockt und die untere Fläche goldgelb ist, mit Hilfe eines Deckels wenden und von der anderen Seite ebenfalls goldgelb backen.
Zum Servieren nur mit Zucker oder mit Zucker und Zimt fein bestreuen.
Dazu schmecken gemischte gedünstete Beerenfrüchte wie Brom-, Him-, Erd- und Heidelbeeren sehr gut.

Kürbisreis
Buttermilchkaltschale

KÜRBISREIS
1 Prise Salz
250 g Langkornreis
800 g Kürbis
3 EL Zucker
1 Stückchen Zimtstange
1 Stück unbehandelte Zitronenschale
2 EL Zitronensaft

BUTTERMILCH-KALTSCHALE
1 Liter Buttermilch
150 ml süße Sahne
4 Scheiben Schwarzbrot (180 g)
20 g Butterschmalz
4 Zwiebäcke
Zucker

Tip:
Wer mag, kann zum Schluß zusätzlich gemahlenen Zimt über die Suppe streuen und mit Zitronenmelisseblättchen garnieren.

KÜRBISREIS (oben)
In einem Topf 600 ml Salzwasser aufkochen. Den gewaschenen Reis zugeben und etwa 20 Minuten ausquellen lassen. Den Kürbis von der Schale und den Kernen befreien. Die Kürbisstücke in 1 bis 2 cm große Stücke schneiden. 1/4 Liter Wasser mit 2 Eßlöffel Zucker aufkochen, Zimtstange, Zitronenschale, Zitronensaft und die Kürbiswürfel zugeben. Zugedeckt bei kleiner Hitze etwa 25 Minuten ziehen lassen, bis die Kürbisstücke leicht glasig sind. Zimt und Zitronenschale entfernen. Dann den Reis mit dem restlichen Zucker mischen. Das Kürbiskompott unterheben.

Bei uns werden hauptsächlich ab September bis November Speise- und Riesenkürbisse auf den Märkten angeboten. Nicht nur im Ganzen, auch als Schnitze sind sie erhältlich. Das feste Fruchtfleisch ist wohlschmeckend, braucht aber eine etwas längere Garzeit als das der Zier- und Gartenkürbisse.

BUTTERMILCHKALTSCHALE (unten)
Buttermilch und Sahne verrühren. Das Schwarzbrot in kleine Würfel schneiden. Butterschmalz erhitzen und die Schwarzbrotwürfel darin unter Wenden anbraten. Herausnehmen und abkühlen lassen. Zwiebäcke in grobe Stücke bröckeln. Mit dem abgekühlten Schwarzbrot in die Buttermilchkaltschale geben. Nach Belieben mit Zucker bestreuen.

Dieses Rezept stammt noch aus der Zeit, als in den Bauernhäusern selbst gebuttert wurde und auf der milden, leicht säuerlichen Buttermilch kleine Butterklümpchen schwammen. Die anfallende Buttermilch mußte natürlich auch verwertet werden. Und dafür entwickelten die Mecklenburger viel Phantasie: Getränke, Suppen, Saucen und Süßspeisen wurden daraus gemacht.

Arme Ritter

8 altbackene Brötchen
½ Liter Milch
2 Eier
1 EL Zucker
1 Prise Salz
abgeriebene Schale von
½ unbehandelten Zitrone
4 EL Semmelbrösel
3 EL Butterschmalz

Zum Bestreuen:
Zimt und Zucker

Tip:
Wer mag, rührt zusätzlich etwas Vanillezucker in den Teig.

Die Brötchen in Scheiben schneiden. Milch, Eier, Zucker, Salz und Zitronenschale verrühren. Brötchenscheiben hineinlegen und kurz darin ziehen lassen. Herausnehmen, abtropfen lassen und in Semmelbröseln wenden. Butterschmalz erhitzen und die Brötchenscheiben nacheinander darin von beiden Seiten schön goldgelb braten. Zum Servieren nach Belieben mit Zucker und Zimt bestreuen.
Als Beilage schmeckt dazu Himbeersaft, Pfirsichkompott mit Rosinen oder Apfelkompott.

Arme Ritter wurden aus Zeitnot erfunden, denn die Zutaten hatte jede Hausfrau in ihrem Vorrat. Besonders zur Himbeerzeit wurde diese kalorienreiche Nachspeise, die oft auch als Hauptgericht mit einer Suppe vorweg gereicht wurde, serviert. Die Mecklenburger Wälder waren voll von Himbeersträuchern. Mit Leiterwagen fuhren die Frauen und Kinder der Tagelöhner zur Ernte in den Wald. Milchkannen, die sie bei sich trugen, wurden schnell gefüllt. Zu Hause wurden die Himbeeren mit Stumpf und Stiel zu Saft verarbeitet – das Aroma war traumhaft.

ZITRONENCREME

6 Blatt weiße Gelatine
4 Eigelb
125 g Zucker
30 g Speisestärke
1 Messerspitze unbehandelte geriebene Zitronenschale
3/8 Liter trockener Weißwein
1–2 El Zitronensaft
4 Eiweiß

Tip:
Statt Wasser und Weißwein kann auch 1/2 Liter Apfelsaft verwendet werden. Mit je 1 Messerspitze Zimt und Kardamom gewürzt schmeckt die Zitronencreme auch sehr gut.

Gelatine in Wasser einweichen. Eigelbe und Zucker in einem Kochtopf bei kleiner Hitze schaumig schlagen. Speisestärke, Zitronenschale, 1/8 Liter Wasser, Weißwein und Zitronensaft hinzufügen. Die Masse durchrühren, abschmecken und unter ständigem Schlagen mit dem Schneebesen des Handrührgerätes zum Kochen bringen, die Masse darf aber nur hochstoßen. Dann vom Herd nehmen. Die Gelatine gut ausdrücken, hinzufügen und weiterschlagen, bis sich die Creme etwas abgekühlt hat. Die Eiweiße steif schlagen und unter die Masse heben.

Die Liebe zu dieser Speise – früher schrieb man sie auch „Citronencreem" – war so groß, daß es kaum eine Feier ohne dieses fruchtige Dessert gab. Ja, schüsselweise wurde sie aufgetragen. Heute soll beim Dessert nicht nur die Menge ausschlaggebend sein, sondern die gelungene geschmackliche Ergänzung zum übrigen Essen.

Brottorte

Beim Backofenfest im Freilicht-Bauerndorf-Museum von Klockenhagen kann man beim Brotbacken im Holzofen zusehen. Frisch schmeckt das Sauerteigbrot natürlich am besten, und wenn es zu trocken wird, ist es immer noch für eine Brottorte gut. Falls Sie kein trockenes Brot vorrätig haben, legen Sie das Schwarzbrot am besten in einen heißen Backofen und lassen es darin etwa 5 Minuten trocknen. Danach abkühlen lassen und in einer Mandelmühle oder ausgedienten Kaffeemühle fein reiben.

Für eine Springform von 26 cm Durchmesser

12 Eigelb
250 g Zucker
250 g geriebene Mandeln
abgeriebene Schale von 1 unbehandelten Zitrone
50 g geriebene Halbbitter- oder Vollmilchschokolade
1 EL gemahlener Zimt
125 g fein geriebenes Schwarzbrot (Roggenbrot)
12 Eiweiß

Zum Bestäuben:
Puderzucker

Eigelbe und Zucker cremig rühren. Mandeln zufügen und so lange rühren, bis eine weißcremige Masse entsteht. Zitronenschale und Schokolade, Zimt und Schwarzbrot unterrühren. Eiweiß in einer Schüssel mit dem Schneebesen des Handrührgerätes schnittfest schlagen und unter die Masse heben. In eine nur am Boden leicht gefettete Springform geben und im vorgeheizten Backofen auf der unteren Schiene bei 180 °C (Gas Stufe 2/160 °C Umluft) 50 bis 60 Minuten backen. Im ausgeschalteten Backofen auskühlen lassen. Zum Servieren mit Puderzucker ein Muster überstäuben.

Kaffee

Streuselkuchen vom Blech

Für den Teig:
750 g Mehl
30 g Hefe
80 g Zucker
1/4 Liter zimmerwarme Buttermilch
250 g Butter
5 Eier
1 kräftige Prise Salz
1 kräftige Messerspitze Zimtpulver
15 geriebene bittere Mandeln

Für die Streusel:
600 g Mehl
200 g Zucker
500 g Butter
1 kräftige Prise Zimtpulver

Zum Bestäuben:
Puderzucker

Für den Teig: Das Mehl in eine Schüssel geben, in die Mitte eine Mulde drücken. Die zerbröckelte Hefe mit 1 Teelöffel Zucker hineingeben, mit etwas Buttermilch und etwas Mehl vom Rand verrühren. Zugedeckt 20 Minuten warm stellen. Dann die übrigen Zutaten für den Teig zufügen und alles mit dem Knethaken des Handrührgerätes zu einem geschmeidigen Teig verkneten, bis er sich vom Schüsselrand löst. Nochmal 30 Minuten zugedeckt gehen lassen.
Für die Streusel: Das Mehl mit Zucker, Butterflöckchen und Zimtpulver verkneten und zu Streuseln zerbröseln. Den Teig auf einem mit Backtrennpapier ausgelegten Backblech ausrollen. Mit einer Gabel mehrmals einstechen. Die Streusel auf dem Teig gleichmäßig verteilen. In dem vorgeheizten Backofen auf die mittlere Schiene setzen und bei 200 °C (Gas Stufe 3/170 °C Umluft) etwa 25 Minuten backen. Zum Servieren in Rechtecke oder Quadrate schneiden und mit Puderzucker bestäuben.

„Die Hausfrauen damals gaben sich kaum mit dem Kuchenbacken ab“, hieß es. Damit war aber mehr der Backvorgang im Ofen selbst gemeint. So wurden also die Teige nach Familienrezept zu Hause gerührt, auf Riesenbleche und in Formen verteilt und zum Bäcker gebracht. Schließlich hatte er auch den größeren Ofen. „Plattenkauken“ aß man zu Weihnachten, Ostern und Pfingsten. Immer schön mit einem sauberen karierten Küchentuch abgedeckt stand er in der Speisekammer. Sowie ein Berg pyramidenförmig aufgetürmter Kuchenstücke aufgegessen war, wurde das nächste Blech geholt.

Kartoffeltorte

Für eine Springform von 26 cm Durchmesser

400 g mehlig kochende Kartoffeln
180 g Zucker
5 Eigelb
3 geriebene bittere Mandeln (aus dem Reformhaus)
50 g geriebene süße Mandeln
abgeriebene Schale von 1 Zitrone
2 EL Zitronensaft
1 Prise Salz
½ EL Arrak
50 g Grieß
½ TL Backpulver
5 Eiweiß

Für die Form:
Butter zum Einfetten

Zum Ausstreuen:
feingeriebene Mandeln oder Grieß

Für den Guß:
200 g Puderzucker
Saft von 1 Zitrone
12 kleine Marzipankartoffeln

Tip:
Der Kuchen schmeckt auch ohne Guß und Garnierung sehr gut, wenn man ihn warm in Stücke schneidet und mit einer Weinschaumsauce serviert.

Kartoffeln in der Schale weichkochen. Den Zucker und die Eigelbe weißcremig schlagen. Mandeln, Zitronenschale und -saft, Salz, Arrak und den Grieß mit Backpulver vermischt unterrühren. Die Kartoffeln abgießen, trockendämpfen und schälen. Durch die Kartoffelpresse drücken und mit der Eigelbmasse verrühren.
Eiweiße schnittfest schlagen und unter die Kartoffelmasse heben. Eine Springform nur am Boden einfetten, mit Mandeln oder Grieß ausstreuen. Den Teig einfüllen und im vorgeheizten Backofen auf der unteren Schiene bei 180 °C (Gas Stufe 2/160 °C Umluft) 35 Minuten backen. Dann aus der Form nehmen und abkühlen lassen.
Für den Guß: Puderzucker und Zitronensaft glattrühren. Die Torte damit bestreichen. Marzipankartöffelchen auf jedes Tortenstück setzen.

Die im 18. Jahrhundert von Friedrich dem Großen eingeführte Kartoffel erlangte in Mecklenburgs Küche eine Spitzenposition. Und gleich mehrere Namen, wie etwa Kartüffel, Kantüffel, Ketüffel, Tüfft, Tüffel erhielt die heiß und innig geliebte Kartoffel. Aus Fiedrichs Kartoffeln, die anfangs kein Hund „freten wullt“, entstanden mit der Zeit so rund fünfzig Kartoffelgerichte. Ob gekocht oder gestampft, sie gehören zu jeder Mahlzeit – und sogar zur Kaffeerunde.

Eierkränzchen

250 g Butter
180 g Zucker
375 g Mehl
abgeriebene Schale von
1 unbehandelten Zitrone
7 hartgekochte Eigelb
2 Eigelb

Zum Verzieren:
4 Eiweiß
50 g Hagelzucker oder
gehackte Mandeln

Die Butter schmelzen und mit Zucker, Mehl und Zitronenschale verrühren. Die hartgekochten Eigelbe durch ein Sieb in die Butter-Zucker-Masse drücken. Mit allen Zutaten und den rohen Eigelben zu einem festen Teig verkneten. 60 Minuten kühl stellen. Aus dem Teig fingerdicke Rollen formen. Etwa 12 cm lange Stücke abschneiden und zu Kränzchen zusammensetzen. Eiweiße halbsteif schlagen. Die Kränze auf einer Seite zur Hälfte mit dem Eiweiß bestreichen und mit Hagelzucker bestreuen. Auf ein mit Backtrennpapier ausgelegtes Backblech setzen. Im vorgeheizten Backofen auf der mittleren Schiene bei 220 °C (Gas Stufe 4/190 °C Umluft) 12 bis 15 Minuten backen.

Weihnachtsbäume kannte man in Mecklenburg lange Zeit nicht. Stattdessen war eine an der Zimmerdecke befestigte Strohkrone üblich. Ein Schneidergeselle aus Grevesmühlen hatte 1772 den ersten Weihnachtsbaum aufgestellt. Erst ab 1860 setzte sich dieser Brauch fort. Auch eine Bescherung im heutigen Sinne gab es nicht. Die Kinder legten abends auf das Fensterbrett ihre Pudelmützen. Die wurden dann mit „Has'poppen“ oder „Safranpöppings“ gefüllt. Später gab man auch Eierkränzchen und Pfeffernüsse in die Pudelmützen.

Und bei steifer Brise

ROTWEINPUNSCH
¾ Liter Rotwein
¼ Liter Rum (40 Vol.-%)
1 unbehandelte Zitrone
Saft von 2 Orangen
8 Nelken
1 Zimtstange (etwa 4 cm)
4 EL Zucker

ARRAKPUNSCH
15 Stück Würfelzucker
4 unbehandelte Zitronen
300 g Zucker
1 Liter heißer starker Tee
½ Liter Arrak

EIERBIER
½ Liter Milch
½ Liter helles Bier
100 g Zucker
4 Gewürznelken
½ Stange Zimt
4 Eier

EIERGROG
Für 1 Person
4 cl Rum (40 Vol.-%)
1 Eigelb
2 gestrichene TL Zucker
heißes Wasser

ROTWEINPUNSCH (hinten)
Rotwein und Rum in einen Topf geben. Zitrone unter heißem Wasser abspülen, dann trockentupfen. Die Schale dünn abschälen. Dann den Zitronensaft auspressen. Mit dem Orangensaft, den Nelken, der Zimtstange und dem Zucker in den Topf geben. Flüssigkeit bis kurz vor dem Siedepunkt erhitzen, nicht kochen lassen. Durch ein Sieb in eine Kanne gießen. Auf einem Rechaud warm stellen und heiß servieren.

ARRAKPUNSCH (vorne rechts)
Mit dem Würfelzucker die Schale der Zitronen abreiben. Zitronen auspressen. Abgeseihten Zitronensaft mit Zucker und Würfelzucker in den Tee geben und den Zucker unter Rühren auflösen. Arrak dazugeben und den Punsch erhitzen, aber nicht kochen lassen. Heiß servieren.

Arrak, dieser starke Branntwein mit etwa 60 Volumprozent, wird aus Zuckerrohrmelasse, Reis oder dem Pflanzensaft der Kokos- oder Dattelpalme gebrannt.

EIERBIER (vorne links)
Milch, Bier, Zucker, Nelken, Zimtstange und die Eier in einem Gefäß verrühren. Bei mäßiger Hitze schlagen, bis die Masse schaumig ist und beginnt, leicht steif zu werden. In feuerfeste Gläser füllen und sofort servieren. Nelken und Zimtstange können vorher herausgenommen oder auch drinnengelassen werden. Das intensiviert das Aroma.

EIERGROG (Mitte)
Den Rum vorsichtig erhitzen. Eigelb mit Zucker schaumig rühren, bis sich der Zucker aufgelöst hat. In ein Grogglas füllen. Dann den Rum dazugießen, umrühren und mit heißem Wasser aufgießen, bis der Eierschaum fast den Rand erreicht hat.

In Mecklenburg gehört der Eiergrog nicht nur zu den beliebtesten Stimmungsmachern, mit ihm wird auch so mancher Schnupfen und Husten wirkungsvoll bekämpft. Dennoch: ohne Erkältung schmeckt der Eiergrog noch viel besser.

Die Rezepte nach Gruppen

Soweit in den Rezepten nichts anderes vermerkt ist, sind die Zutaten für vier Personen berechnet.

Suppen und Eintöpfe

Fisch

Fleisch, Wild und Geflügel

Kartoffeln, Beilagen, Gemüse und Eingemachtes

Süße Speisen, Kuchen, Gebäck und Getränke

Die Rezepte alphabetisch

Soweit in den Rezepten nichts anderes vermerkt ist, sind die Zutaten für vier Personen berechnet.

Bildquellen

Bildarchiv Preußischer Kulturbesitz: 21
Bilderberg: Klaus Bossemeyer 32 o.; Michael Engler 17 u.; Wolfgang Kunz 23 u., 54, 56/57; Thomas Ernsting 17 o.
Focus: Roman Bezjak 6, 61
Angelika Heim: 7, 8, 15, 18, 19, 22, 23 o., 28, 30, 31 u., 48/49, 51 o., 63, 100, 176
IFA: Baier 12; Comnet 34/35; Gering 124; Glück 14; Kronmüller 45; Pisarski 38; Reinhard 13; Rölle 29; Wolfgang Schmidt 26; Teufelhart 10
Mauritius: Elsen 43; Rosenfeld 50; H. Schwarz 62; Waldkirch 58
Hubert Metzger: 27, 42
Sigloch Bildarchiv: Hans Joachim Döbbelin 64/64, 84/85, 106/107, 140/141, 160/161 sowie alle Rezeptfotos auf den ungeraden Seiten 67 bis 185
Wolf Spillner: 44 (beide), 52 u., 53
Studio für Landkartentechnik: 4
Visum: Rudi Meisel 2, 20, 24, 25, 31 o., 32 u., 39, 51 u., 52 o., 55; Rolf Nobel 40/41; Dirk Reinartz 16, 46, 47, 86; Jo Röttger 9
ZEFA: Haenel 36/37; Paul 60; Rossenbach 59

Der Dank der Autorinnen und des Verlages gilt Frau Ursula Becker, wissenschaftliche Mitarbeiterin im Volkskundemuseum Schwerin, Frau Ilona Bauermeister vom Nordkurier in Neubrandenburg sowie Herrn Hartmut Brandenburg, Timmendorfer Strand.

Reproduktion: Lihs, Satz und Repro, Ludwigsburg
Druck: Druckerei Eberl, Immenstadt
Papier: 135 g/m² BVS plus glänzend chlorfrei der Papierfabrik Scheufelen, Lenningen
Bindearbeiten: Sigloch Buchbinderei, Künzelsau
ISBN 3-89393-104-X

Reihenweise
Kulinarische Kostbarkeiten